Das Buch

Entdeckungen und Erfahrungen, wie sie jeder neugierige Gärtner in seinem Garten machen kann: alte gärtnerische Verfahrensweisen, die sich lohnen, wiederbelebt zu werden, unbekannte oder unbeachtete Pflanzen, die außerordentlich nützlich sind, die zahlreichen Lebensspuren, die sich durch einen Garten ziehen. Es ist ein verblüffendes Kaleidoskop, das der erfahrene und phantasievolle Gärtner Jürgen Dahl, Gartenkolumnist in der ›Zeit‹, hier zusammenträgt. Er erzählt, was man alles selbst ziehen kann, was man alles essen kann und was wir alles in unseren Gärten den Mönchen, Kreuzrittern oder Kaufleuten zu verdanken haben. Ergänzt ist dieses Garten-Lese-Buch durch viele nützliche Ratschläge für die gärtnerische Pra~

Der Autor

Jürgen Dahl, geboren am 18. Oktober 1929, freier Schriftsteller; zahlreiche Arbeiten für Rundfunk und Zeitschriften; ständiger Mitarbeiter des WDR und der ›Zeit‹. Auszeichnungen: Deutscher Journalisten-Preis 1965, Bruno-H.-Schubert-Preis für Naturschutz 1987. Buchveröffentlichungen u. a.: ›Der unbegreifliche Garten und seine Verwüstung‹ (1984), ›Nachrichten aus dem Garten‹ (1985), ›Neue Nachrichten aus dem Garten‹ (1987), ›Die Verwegenheit der Ahnungslosen‹ (1989), ›Zeit im Garten‹ (1991), ›Aufschlüsse‹ (1993).

Jürgen Dahl:
Vom Geschmack der Lilienblüten

Neueste Nachrichten aus dem Garten

Mit zahlreichen Vignetten

Deutscher
Taschenbuch
Verlag

Von Jürgen Dahl
sind im Deutschen Taschenbuch Verlag erschienen:
Nachrichten aus dem Garten (30077)
Zeit im Garten (30391)

Originalausgabe
April 1995
© Deutscher Taschenbuch Verlag GmbH & Co. KG, München
Umschlaggestaltung: Reinhild Hofmann
Umschlagfoto Rückseite: Marion Nickig
Satz: KCS GmbII, Buchholz/Hamburg
Druck und Bindung: C. H. Beck'sche Buchdruckerei, Nördlingen
Printed in Germany · ISBN 3-423-30464-2

INHALT

Vom Geschmack der Lilienblüten

An Reinheit, Liebe und Tod denken wir, wenn wir die Lilien blühen sehen. Andere denken ans Mittagessen:

Die Japaner und die Chinesen, die Kosaken an der Wolga, die Tataren in Sibirien und, jenseits der Beringstraße, einige Indianervölker in Nordamerika, schätzen oder schätzten die Lilienzwiebeln als nährendes Gemüse.

Wahrhaftig: Wenn wir die süßlich und etwas mehlig schmeckenden Zwiebelschuppen kurz in heißer Butter garen, dann entwickeln sie ein eigenartiges und angenehmes Aroma. Natürlich darf man dafür keine frisch gekauften Zwiebeln nehmen, weil diese meist mit giftigen Fungiziden behandelt sind. Andererseits ist der Geschmack der Lilienschuppen auch wieder nicht *so* unwiderstehlich, daß wir dafür unsere Lilienbestände roden und in der Pfanne enden lassen sollten.

Eher könnten wir ein paar Lilien-Blüten entbehren und vorsichtig im Schatten trocknen; sie rollen sich längs zusammen, und obwohl das Wasser aus ihnen entweicht, bleiben sie lederig-fleischig. Ihr Geschmack ist säuerlich mit einem leisen Hauch von Pilz-Aroma. Wenn man sie in eine Suppe gibt (wie es die Chinesen tun), dann quellen sie wieder auf und lassen die Gäste vergeblich raten, was sich da in der Terrine herumtreibt.

Die Lilie als Gemüsepflanze — ein Beispiel dafür, daß unser Garten immer wieder Überraschungen bietet, auch wenn wir manchmal meinen, wir wüßten alles Wichtige. Für den neugierigen Gärtner erschöpft sich das Gärtnern eben nicht in der fachkundigen Anlage eines Teiches, der Kenntnis von neunundneunzig Rosensorten und dem Gehorsam gegenüber den strengen Regeln biogärtnerischer Lehre. Weit mehr beschäftigt ihn das Ausprobieren alter und neuer Verfahrensweisen, die Suche nach unbekannten Pflanzen, die Wahrnehmung aller Lebensspuren, die sich durch den Garten ziehen und von denen so viele unbemerkt bleiben; er stöbert auf den Märkten nach Gemüsen, die er noch nicht kennt, gründelt in alten und noch älteren Gartenbüchern und ist hellwach, sobald er einen fremden Garten betritt: Irgend etwas Neues wird er finden. Wenn nicht, dann hat er nur noch nicht gut genug hingesehen.

Von solchen Entdeckungen und Erfahrungen handelt dieses Buch — aber natürlich auch vom gewöhnlichen Alltag der Gärtnerin und des Gärtners, von Erdbeeren und Schnecken, von Kastanien und vom Pastinak. Der schreibende Gärtner hofft, es möge für den Leser viel Neues dabei sein, oder wenigstens: einiges Alte in neuem Licht erscheinen.

Daß die Kapitel einander überschneiden, die Themen nicht scharf abzugrenzen sind, ist ein Spiegelbild des Gartens: Er lebt, und deshalb gibt es keine Ordnung. Nur Ordnungen, die vielfältig ineinander verschränkt sind.

Die Bibliothek der Kataloge

Es gab Kaffee und Kuchen bei den Gärtnerfreunden — und jede Menge Ableger, zwei große Körbe voll. Ich kam mir vor wie Siebold.

Philipp Franz von Siebold, aus Würzburg gebürtiger Arzt in den Diensten der niederländischen Ostindien-Kompanie, war einer jener Männer, die die Kostbarkeiten der ostasiatischen Flora nach Europa gebracht haben. Er war nicht der erste, aber ihm verdanken wir die Azaleen, die Kamelien und die Stammform der Hortensien. Das ist hundertundfünfzig Jahre her.

Man muß sich einmal vorstellen, wie diesen Reisenden zumute war: Sie kannten sich in der heimischen Botanik gut aus, und plötzlich trafen sie auf lauter nie gesehene Pflanzengestalten, von denen die meisten ihnen geradezu märchenhaft und paradiesisch erschienen, zumal viele davon schon Jahrhunderte der Züchtung und Veredelung hinter sich hatten.

Freilich betrachteten die Japaner und Chinesen diese Pflanzen als Nationaleigentum, so daß es für die Europäer lange sehr schwierig blieb, wenigstens einen Blick darauf zu werfen, geschweige denn, sie außer Landes zu bringen: Dazu mußte man List anwenden, und genaugenommen waren diese Pflanzenjäger nichts anderes als Pflanzendiebe und Schmuggler.

Ich kam mir vor wie Siebold, nur ohne die Heimlichtuerei, mit neuen botanischen Reichtümern gesegnet. Die meisten Gärtner beschenken einander gern, ja, sie sind stolz, wenn der Besuch dies und jenes für mitnehmenswert hält. Das ist eine nachdrückliche Form der Anerkennung.

Und dann läuft man im eigenen Garten herum, den Korb mit den Pflanzen in der einen, den Spaten in der anderen Hand, und sucht nach Plätzen, an denen man die Neuzugänge unterbringen kann, ohne alteingesessene Nachbarschaften zu stören. Der kleinste Garten ist manchmal zu  groß, wenn es um die Arbeit geht, die darin getan werden sollte, aber der größte Garten ist immer noch zu klein, wenn man von der Pflanzenjagd kommt und die Beute versorgen will — den Sternkugellauch mit seinen hinreißenden bläulich schimmernden Blütenkugeln; die Süßholzpflanze, deren süße Wurzeln wir zwar nicht ernten werden, die uns aber mit wunderschönen Samenständen erfreut; oder die ganz absonderliche Wiesenraute, die ihre Blütenblätter früh fallen läßt und uns als »Blüten« nur ihre violetten Staubfäden präsentiert.

In vergangenen Jahrhunderten war die Pflanzenjägerei ein regelrechter Beruf — und damit auch eine Variante der Plünderung fremder Weltgegenden. Wir, wenn wir Pflanzen erjagen wollen, sind auf die Gärten unserer Freunde angewiesen — und auf die Gärtnereien. Seit diese Gartencenter heißen, gibt es da nicht mehr viel Neues zu entdecken: Das Standardsortiment ist zwischen München und Hamburg das gleiche.

Bleiben uns die Versandgärtnereien, deren Pakete für den Gärtner im Frühling und im Herbst das sind, was für andere Leute die Weihnachtspäckchen. Eingehüllt in feuchte Zeitungen, abgefedert mit Holzwolle, liegt da Töpfchen bei Töpfchen, eine grüne Bescherung — auch mit Überraschungen, dann nämlich, wenn der Gärtner nicht mehr so genau weiß, was er vor Wochen oder Monaten bestellt hat.

Er hat nach Katalog bestellt. Natürlich nicht nach den bunten Bilderheftchen der Billiganbieter, sondern nach den weniger bunten, dafür um so dickeren Katalogen der großen Staudengärtnereien. Er hat Kreuzchen und Fragezeichen an den Rand geschrieben, hat seinen Gartenplan zu Rate gezogen, hat mit der Gärtnerin verhandelt — und hat dann schließlich wieder viel mehr bestellt, als er eigentlich wollte.

Die Verlockung ist süß und gefährlich. Aber wer sich ihr entzieht, indem er keine Kataloge studiert, dem entgeht etwas, und er bekommt natürlich auch keine Kartons mit der Aufschrift: »Vorsicht, lebende Pflanzen!« — dem prosaischen Kennwort für ein botanisches Gedicht, in dem sich die Büschelglocke auf das Mädchenauge reimt, und *Linum* auf *Campanula*.

Der fortgeschrittene Gärtner verfügt über eine ganze Bibliothek solcher Kataloge, und er weiß warum: Mit einem Blick kann er ermitteln, ob und wo eine Pflanze zu haben ist, von der er gehört oder gelesen hat. Die Fülle der Arten und Sorten breitet sich vor ihm aus, und nicht als Fata Morgana, sondern als verläßliche Auflistung alles Lieferbaren. Es gibt immer noch Abertausende von Gärtnern, deren einzige Einkaufsquelle die Gartencenter mit ihrem Allerweltssortiment sind und die dann sich (oder mich, manchmal sogar mit Rückporto) fragen, wie um alles in der Welt man denn des Schlangen-Knöterichs oder der Ausdauernden

Mondviole habhaft werden kann. Sie ahnen nicht, wie leicht das ist.

Manchmal ist es auch nicht so leicht, das räume ich gerne ein. Den Taubenkropf mit seiner betrügerischen Beere findet man in keinem Staudenkatalog, den holzigen Strauch-Wegerich auch nicht, und nach der zauberischen Alraunwurzel habe ich viele Jahre lang gefahndet, ehe ich fündig wurde. Wären die Gartenkataloge aber bloß Preislisten, so brauchte man nicht viel Aufhebens davon zu machen. Ihr Nutzen ist weit größer: In unterschiedlicher Ausführlichkeit erfahren wir aus diesen Büchern das Wichtigste über Aussehen und Ansprüche der Pflanzen, manchmal auch etwas über heikle Eigenheiten (wie die Neigung zum Wuchern) oder über bemerkenswerte Reize (wie zum Beispiel dekorative Fruchtstände).

Ein paar Stichworte, und man ist im Bilde. Ein solcher Staudenkatalog war vor Jahrzehnten meine erste Gartenfibel — Lehrbuch und Vokabelheft in einem, Auftakt für alle künftigen Gartenträume. Den Katalog gibt es heute noch (und gab es damals schon seit fünfzig Jahren), kein anderer reicht an ihn heran.

Er kommt von »Kayser & Seibert«*, einer Staudengärtnerei im Odenwald mit einem schönen und reichen Sortiment, von *Acaena*, dem Stachelnüßchen, bis *Zigadenus*, der Jochlilie, dazu Küchenkräuter, Farne und Gräser, Sumpf- und Wasserpflanzen und sogar eine Reihe von Gehölzen (Katalog gegen Voreinsendung von fünfzehn Mark).

Zu allen nötigen gärtnerischen Auskünften kommt noch eine Zutat, die man sonst mühsam aus vielen Gartenbüchern und eigenen Erfahrungen zusammenklauben muß: Bei jeder Pflanzenart ist nämlich in aller Ausführlichkeit ver-

* Adresse im Anhang.

merkt, mit welchen anderen sie sich gut verträgt, ästhetisch oder in bezug auf die Bedürfnisse an Boden und Licht. Das ist komprimierte Gärtnerweisheit und zwar so facettenreich, daß die Gefahr gering bleibt, es könnten normierte Nachbarschaften sich landauf landab eintönig durchsetzen.

Mit einem anderen Extra kann die Staudengärtnerei »Gräfin von Zeppelin«* im Badischen aufwarten: Seit mehr als fünfzig Jahren gibt es hier, außer einem großen Staudensortiment, zahllose Arten und gezüchtete Sorten der Schwertlilie und der Taglilie (*Iris* und *Hemerocallis*), edelste Seltenheiten darunter und durchaus unterschiedliche Typen, so daß wir mit Hilfe dieses Reservoirs nicht nur alle Varianten von Wuchshöhe und Farben durchkosten können, sondern auch die verschiedenen Blütezeiten so nutzen, daß von Ende April bis Anfang Oktober immer ein paar Vertreter dieser noblen Gattungen blühen. Wer nur erst angefangen hat, diesen Reichtum zu erforschen, wird schnell verstehen, daß mancher Gärtner darüber zum Sammler geworden ist (Katalog gegen Voreinsendung von zehn Mark).

Drittens: der Katalog der Alpenpflanzengärtnerei »F. Sündermann«* in Lindau. Vor über hundert Jahren hat der Ökonomierat Franz Sündermann diesen »Botanischen Alpengarten« begründet (und stieg damit zum Königlichen Hoflieferanten auf), nachdem er jahrelang die europäischen Alpen und später die Hochgebirge aller fünf Erdteile bereist hatte, um die eigenartigen, oft kleinen und polsterartig wachsenden Pflanzen dieser Regionen als Gartengäste zu gewinnen. Das sind Kostbarkeiten vor allem für jene Gärtner, die auf geringem Raum doch Vieles und Verschiedenes versammeln wollen und mehr dem Kleinen zugetan sind als den großen und dekorativen Stauden (Katalog gegen Vorein-

* Adresse im Anhang.

sendung von fünf Mark). Bei Sündermann finden Sie, unter vielem anderen, eine imponierende Fülle von über achtzig Sempervivum-Sorten und wohl die größte Sammlung jener hinreißenden Steinbrech-Arten, die am liebsten auf schierem Kalk wachsen und ihre Blattränder mit Reihen winzigster Kalkperlen schmücken, sommers wie winters.

Das sind nur drei von vielen Staudengärtnereien, und jede hat etwas, was die andere nicht hat. Grund genug, die Bibliothek der Kataloge zu begründen oder zu erweitern*, in der wir bei jedem Wetter und zu jeder Jahreszeit herumstöbern können, die Namen memorierend und farbige Gartenträume träumend, immer mit dem Bleistift in der Hand und immer auf der Hut: Wenn in den Katalogen steht, daß *Physalis alkekengi* »stark wuchert«, dann heißt das, daß die Lampionblume zur Plage werden kann, und wenn es heißt »Liebhaberpflanze«, dann hat man es wirklich mit irgendeiner zartbesaiteten Schönheit zu tun, bei der man es sich dreimal überlegen sollte, ob man sie überhaupt in den Garten einlädt: Nichts ist anstrengender als unerwiderte Liebe.

Was jene Gärtner, die uns die reiche Fülle der Gartenpflanzen zugänglich machen, allerdings meist stiefmütterlich behandeln, sind die Duft- und Würzkräuter. Um so aufregender für den Pflanzenjäger, daß eine kleine Gärtnerei, die bisher nur zwei norddeutsche Wochenmärkte beschickt hat, nun ihre Schätze auch per Post liefert. Die Gärtnerei nennt sich »Kräuterzauber«* − und wirklich scheint da ein Zauberer am Werk. Er heißt Daniel Rühlemann und verschickt für fünf Mark einen lesenswerten Katalog*. Darin findet man Duft- und Aroma-Attraktionen, von denen unsereiner bisher nicht einmal den Namen gehört hat:

Kümmelthymian aus Korsika; der Californische Ginseng,

* Adresse im Anhang.

dessen Wurzel gegen Rheuma helfen soll; der rosenartig duftende Sibirische Goldlack; Minzen aller Art, auch solche, die nicht meterweit durch die Beete wandern. Zwei Kräuter, die wir bisher im Würzgarten immer wieder neu aussäen mußten, gibt es hier als ausdauernde Arten: einen Borretsch aus Sardinien und eine Petersilie aus Japan.

Und dann blüht uns die dekorative Austernpflanze, mit fleischigen Blättern und einem ganz ungewöhnlichen Geschmack, den der Kräuterzauberer so beschreibt: ». . . nach Austern oder Anchovis mit einem Unterton von Champignons und Borretsch.« Es paßt zu dem Geschmack, daß man die Pflanze mit etwas Salz düngen muß — sie ist nämlich an den nördlichen Meeresküsten zu Hause.

Und es paßt zum Kräuterzauberer, daß er auch die zauberkräftige Alraune, die Mandragora, anbietet. Da müssen wir ganze Beete freiräumen, um die Beute unterzubringen, die der Postbote frei Haus liefert.

Es kann nicht geleugnet werden, daß die modernen Pflanzenjäger manchmal auch in Botanischen Gärten zuschlagen.
Das ist verwerflich, denn wenn das alle täten, sähe es in den Botanischen Gärten schrecklich aus. Aber die Versuchung ist groß, und der Mensch ist schwach. Statt Moral zu predigen, bekenne ich lieber, daß mir das auch schon zugestoßen ist: Die ersten Brutzwiebeln des Knolligen Rispengrases habe ich in einem Botanischen Garten abgestreift. Es mindert meine Schuld nicht, wenn ich sage: Ich fand sie einfach in meiner Hosentasche, als ich nach Hause kam.

Das Knollige Rispengras ist ein Steppengras aus Südost-

europa, das sich den trockenen Sommern seiner Heimat
angepaßt hat, indem es im April anstelle von Blüten ganze
Rispen mit Brutknöllchen erzeugt, die alsbald mitsamt den
Mutterpflanzen wegwelken. Erst im September schlägt das
Gras wieder aus, die Brutknöllchen entwickeln sich zu
neuen Pflanzen, und Mütter wie Töchter gehen frischgrün
über den Winter. In meinem Garten ist das Rispengras
inzwischen heimisch geworden — entgegen der Regel, daß
unrecht Gut nicht gedeiht. Vielleicht gibt es manchmal Ausnahmen.

Bäume kaufen ist wie heiraten

Unendlich langsam wächst der Buchsbaum vor sich hin,
und wer zum Beispiel zwei stramme Buchsbaumwächter vor
der Haustür heranziehen möchte, der muß lange warten,
fast ein Gartenleben lang. Es sei denn, er war so glücklich,
die Sträucher schon in ehrwürdigem Alter vorzufinden, als
Vermächtnis eines Gärtners, den es gar nicht mehr gibt.

Nur um wenige Zentimeter im Jahr verlängern sich die
Triebe mit den kleinen, spitzovalen Blättchen, kaum merk-
lich nimmt das Volumen des Sträuchleins zu. Aber der
Buchsbaum ist wandelbar: Er hat einige großblättrige Varianten hervorgebracht, die den Ungeduldigen durch schnel-
les Wachstum erfreuen.

Dunkelgrün, groß und glänzend sind die Blätter, und
kaum hat der Steckling einigermaßen Fuß gefaßt, treibt er
nach allen Seiten aus, zehn Zentimeter im Jahr, später gar
zwanzig und mehr: Die dichte, hohe Buchsbaumhecke

bleibt kein Traum, die prächtige Kugel im Kräutergarten ist schon nach ein paar Sommern wenigstens andeutungsweise zu sehen, nicht erst nach zwei Jahrzehnten.

Es ist ja ein immer wieder auftauchendes Dilemma: daß die erwünschte und erträumte Größe von Bäumen und Sträuchern, die wir pflanzen, erst nach langer Wartezeit erreicht wird. Und wer, die Kosten nicht scheuend, das Warten abkürzen will, muß mit Enttäuschungen rechnen. Oft nehmen die erwachsenen Bäume das Umpflanzen übel, stocken in Wachstum und Fruchtbarkeit und müssen jahrelang wie Kranke umsorgt werden, falls sie sich überhaupt wieder erholen und sich nicht endgültig verabschieden.

Das alles geht uns durch den Kopf, wenn wir begehrlichen Blickes durch die Baumschulen streifen. Da steht der junge Wacholder, bestenfalls kniehoch, und demnach, am Menschenleben gemessen, ein Kleinkind. Wir werden ihn lange hegen müssen, ehe er die ersten Beeren ansetzt — und dann dauert es noch zwei Jahre, bis sie reif sind und unser Sauerkraut veredeln können. Nicht zu reden von Eiche und Walnuß, von Eßkastanie und Tulpenbaum . . .

Es gibt aber auch das umgekehrte Problem: daß die Zeder, vor Jahren viel zu nah ans Haus gepflanzt, uns über den Kopf wächst, das Wohnzimmer verdunkelt und, wenn sie denn bleiben soll, Jahr für Jahr aufs Entsetzlichste verstümmelt werden muß. Und die bizarren Sträuchlein der japanischen Bitterorange (*Poncirus*), schön anzusehen noch im Winter, wenn die langbedornten Zweige frischgrün allen Frösten trotzen: Mit den Jahren wird aus dem zarten Kleinod ein übermannshohes Gestrüpp mit duftenden Blüten und lockend gelben (aber gallebitteren) Früchten. Jammerschade, wenn man erst zu spät dahinterkommt, daß eine solche Augenweide in eine ganz andere Gartengegend gehört hätte.

Bäume kaufen ist wie heiraten: Man wählt, im Prinzip jedenfalls, fürs Leben. Eine Trennung, wenn sie nötig wird, ist mit erheblichen Mühen und Kosten verbunden, auch mit Entwöhnungsschmerzen. Die beste Vorbeugung ist ein guter Baumschulkatalog, der uns die endgültige Größe der Gehölze nennt, — und dazu vieles andere, was für die Auswahl wichtig ist: die Bodenansprüche vor allem und die Besonderheiten, duftende Blätter und Blüten, schöne Herbstfarben, eßbare Früchte.

Das harte Oktobergelb des Gingkobaumes, der verschwenderische Beerenschmuck des »Liebesperlenstrauchs« (*Callicarpa*), der Maiglöckchenduft der Ölweide (*Eleagnus*), das strenge Aroma des Laubes der Stinkesche (*Euodia*) — das sind sinnliche, immer wiederkehrende Ereignisse im Garten, jenseits des bloß Dekorativen, und sie entgehen dem, der Bäume und Sträucher nur als eine Art Staffage betrachtet und sich nicht die Mühe macht, nach den selteneren Arten zu suchen, die nicht in jedem Gartencenter zu finden sind. Draußen beginnt jetzt die Scheinquitte (*Choenomeles*) zu blühen. Die dornigen Zweige, an denen zugleich die Spitzen der austreibenden Blätter sichtbar werden, sind mit Blüten dicht besetzt, je nach der Sorte in vielen unterschiedlichen Rottönen, bei einer auch in einem reinen Weiß. Man kann die Scheinquitten als dichte Hecken pflanzen, oder einzeln vor einem Hintergrund, der die Blütenfarben zur Geltung kommen läßt — und später das Gelb der Früchte, die ein starkes Quittenaroma verbreiten und wie Quitten zu Gelee oder Saft verarbeitet werden können; läßt man sie hängen, dann vergehen sie sehr langsam im Laufe des Winters, und über die Reste machen sich die Vögel her. Was die Wuchshöhe angeht, so gehört die Scheinquitte zu den Gehölzen, die es uns leicht machen: Sie erreicht sehr schnell ihre endgültige Größe, kaum mehr als einen Meter, und niemals brauchen wir danach an ihr herumzuschneiden.

Bleibt noch das andere Problem: der Baum, der schnell groß, aber dann nicht mehr größer wird. Bauen wir ihn doch einfach selbst!

Ein paar starke Eisenstangen oder Wasserrohre, zu einer schmalen Pyramide zusammengestellt oder senkrecht in die Erde geschlagen, daran und darum gewickelt ein Geflecht aus engmaschigem Draht, das jede beliebige Form haben kann (es muß ja nicht, wie vor zweihundert Jahren, eine Fruchtbarkeitsgöttin sein) — und daran rankt sich hoch, was uns an Kletterpflanzen nur gefällt, rankt sich hoch und neigt sich, wenn es nicht weiterkommt, wieder nach unten: Blütenwolken wie Wasserfälle. Eine Clematis mag das sein, auch Kletterrosen natürlich, oder ein Geißblatt, vielleicht *Lonicera japonica* ›Aureoreticulata‹, das keinen deutschen Namen hat und die kalte Jahreszeit mit kleinen grünen Winterblättern durchsteht, während es sich im Sommer mit goldgelb geäderten Blättern und cremefarbenen Blüten schmückt.

Früher hat man für solche figürlichen Gerüste gern den Efeu genommen, und er eignet sich auch wirklich gut, weil er immergrün ist und das unvermeidliche Herumschnippeln nicht übel nimmt. Man sollte dann aber eine kleinblättrige Sorte wählen.

Das sind dann keine Bäume fürs Leben, müssen es jedenfalls nicht sein — aber sie können uns helfen, auf angenehme Weise die Zeit zu überbrücken, wenn wir darauf warten, daß der Walnußbaum groß wird und Früchte trägt. Was leicht zwölf Jahre dauern kann.

Blaue Kartoffeln

Immer ist die Kartoffel verkannt worden, einmal so herum und einmal andersherum: Als Pizarro sie vor 450 Jahren nach Europa brachte, galt sie mit ihren heiteren Sternblüten als Zierpflanze und botanische Sehenswürdigkeit — und als man zweihundert Jahre später die Eßbarkeit ihrer Knollen entdeckte, wurde sie zur Nutzpflanze, um deren Schönheit sich niemand mehr scherte.

Im Garten können wir der Kartoffel Gerechtigkeit widerfahren lassen und sie als Zierpflanze ziehen, ohne ihren Nutzen zu verachten, oder umgekehrt. Es muß ja nicht ein ganzes Kartoffelfeld sein. Schon eine einzige Kartoffel aus den Vorratsresten, mit ihren weißlichen Keimen behutsam zwischen niedrigen Stauden oder Küchenkräutern in die Erde gebettet und mit etwas Kompost abgedeckt, reicht aus, um uns das schöne Bild einer zierenden Pflanze und den Nutzen einer bescheidenen Ernte zu verschaffen, ein Nest von blanken, gelblichen Knollen, hauchzart berindet, die wir ernten, wenn im Herbst das Laub abgestorben ist — oder kurz vorher, wenn die Kartoffeln noch ganz jung und klein sind, von unbezahlbarer Zartheit. Vielleicht ist es genug für ein kleines Abendessen, jedenfalls aber für einen Teller ungepellter Pellkartoffeln, die man zwischendurch, kalt mit Salz und Butter, als eine Art von pikanter Praline essen kann.

Selbst der Balkongärtner braucht nicht darauf zu verzichten, diese Köstlichkeit wenigstens *ein*mal zu genießen:

Einen großen Blumentopf und eine gekeimte Kartoffel, mehr braucht es dazu nicht. Nur muß man daran denken, daß die jungen Knollen sich *ober*halb der Saatknolle bilden, die demnach mindestens handtief in den Topf versenkt werden sollte.

Von den über tausend Kartoffelsorten, die es früher gab, sind einige am Leben geblieben und gedeihen in ein paar Gärten, während überall anderswo »Bintje« und »Hansa« die Vorherrschaft im Kartoffelreich ergriffen haben. Ein großherziger Gärtner überließ mir im Frühjahr aus seinem kleinen Vorrat ein Dutzend Knollen von drei alten österreichischen Sorten, und im September waren Freunde zum »bunten« Kartoffelessen eingeladen. Staunen sollten sie, und das taten sie denn auch: Gelbe, rote und blaue Pellkartoffeln — die Schüssel sah aus wie ein Ostereier-Nest.

Die gelbe Sorte heißt »Kipfler« oder auch »Bamberger Hörndl«, die rote »Linzer Rose« und die blaue »Pongo«. Es zeigte sich wieder einmal, daß der Ertrag keineswegs (wie die Gartenbücher lehren) von der Größe der Saatkartoffeln abhängig ist, denn wir hatten nur winzige Knöllchen bekommen, ernteten aber viele große.

Die »Linzer Rose« ist sehr ertragreich, liefert große, rundliche Knollen, ist festkochend und appetitlich anzusehen. Der »Kipfler« überrascht durch seine längliche Hörnchen-Form, auch er ist festkochend und wird traditionell in den Wiener Heurigen-Schenken für den Erdapfelsalat verwendet. Buttergelb ist das Fleisch, und den vollen Geschmack rühmen Kenner als »speckig«.

Was aber die »Pongo« angeht, so meinte einer der Gäste, er müsse unweigerlich an Gift und Tinte denken. Der Hinweis, daß auch Blaubeeren blau sind und daß dies noch niemandem den Appetit verdorben hat, half nicht — er hielt sich lieber an die roten und gelben, deren Fleisch die übliche Kartoffelfarbe hat. Blaue Pommes frites könnte man aus der »Pongo« machen, besser noch ein blaues Kartoffelpüree, denn die Blaue ist eher »mehligkochend«. Sehenswerte Mahlzeiten wären auch: Blaue Kartoffelgnocchi mit Möhrensalat, blaue Bratkartoffeln mit Spinat und Spiegelei, blaue Reibekuchen . . .

Übrigens tauchten blaue oder violette Kartoffeln schon früh in der Kartoffel-Geschichte auf. Aber nur zwei Sorten behalten die blaue Farbe auch beim Kochen: die »Pongo« und die »Französische Trüffelkartoffel«, deren blauschwarze Knollen als Spezialität für Gourmets gelten. Auf Großstadt-Märkten werden sie manchmal zum sündhaften Pfundpreis von fünfzehn Mark angeboten — aber so überragend ist der nussig-buttrige Geschmack auch wieder nicht, daß dieser Preis gerechtfertigt wäre. Der pfiffige Gärtner kauft zwei Knollen, ißt sie aber nicht, sondern hütet sie bis zum Frühjahr und legt sie dann in die Erde, um seine eigene Ernte einzufahren.

Woraus erhellt, daß es lohnend ist, auf Märkten im In- und Ausland nach unbekannten Kartoffelsorten zu fahnden und sie dann im Garten auszuprobieren.

Gift und Genuß und Genußgift

Was wären wir ohne die Nachtschattengewächse? Der Familienname klingt unheimlich, und einige Familienmitglieder sind wirklich zum Fürchten — aber wie lieblich ist die Kartoffel, wie unvergleichlich die Tomate als köstliches Zwischenwesen zwischen Obst und Gemüse, wie feurig-fröhlich der Paprika. Tagelang könnte man kochen und jeden

Tag etwas anderes, nur mit diesen dreien. (Auf die Aubergine, die auch dazugehört, verzichte ich gern, aber das ist natürlich Geschmackssache.)

Zum Nachtisch könnten wir, um in der Familie zu bleiben, die süßsäuerlichen Kapstachelbeeren servieren, die von ihren papierenen Kelchen dekorativ umhüllt sind, und für die wir im Laden sündhaft viel Geld bezahlen müssen, wenn wir sie nicht selbst im Garten heranziehen.

Und falls wir noch zu denen gehören, die nach dem Essen rauchen, so machen wir auch damit von einer Mitgift der Nachtschattenfamilie Gebrauch.

All diese Gemüse kamen erst nach der Entdeckung Amerikas zu uns, und manche mußten auch dann noch lange warten, ehe man sie als Gemüse erkannte. Kartoffelduft durchzieht die Küchen erst seit wenig mehr als zweihundert Jahren, die Tomate wurde bis vor hundert Jahren als giftige Zierpflanze ebenso geschätzt wie verkannt, und der Gemüsepaprika ist eine Züchtung vom Beginn unseres Jahrhunderts.

Aber das ist nur ein Teil der Familie, der gutbürgerliche, anständige Zweig, der sich auf redliche Weise nützlich macht. Ein anderer Zweig ist von eher zwielichtigem Wesen, setzt Gifte in die Welt, die nur bei sehr umsichtiger Anwendung wohltätige Wirkung haben, sonst aber zur Verwirrung des Geistes und des Leibes führen:

Bilsenkraut, Tollkirsche, Stechapfel, auch der nicht ganz so gefährliche Bittersüße Nachtschatten — gar schreckliche Geschichten gibt es da, aus der Zeit, als man die Alkaloide der Nachtschattengewächse noch nutzte, um schlimme Schmerzen zu betäuben, um sich halluzinatorisch in andere Welten zu begeben, auf den Blocksberg zum Beispiel, und um mit oder ohne Hilfe von Giftmischerinnen (sicher gab es auch Giftmischer) Liebe und Tod herbeizuführen —, oder auch, um das Bier berauschender zu machen: Die Samen des Bilsenkrauts wurden manchmal dem Bier beigemischt, und unter den Etymologen ist immer noch strittig, ob die Bezeichnung »Pilsener« von Pilsen oder vom Bilsenkraut kommt.

Auch die Mandragora gehört hierher, die Alraunpflanze mit der menschenförmigen Wurzel, von alters her hochgeschätzt als Mehrzweck-Zaubermittel, aber auch als wirkliches Heilmittel. Gern würde ich sie im Garten heranziehen, wenn es mir endlich gelänge, die Samen zu beschaffen.

Es hat ja seinen eigenen Reiz, solche Gewächse anzupflanzen und dann mit einer Mischung aus Respekt vor so viel uralter Überlieferung und leisem Gruseln vor so vielen tödlichen Giften zuzusehen, wie die Zauberkräuter auf den eigenen Beeten wachsen. Und niemand kann uns verbieten, darüber nachzusinnen, was sich mit ihnen alles anstellen ließe. Es muß ja nicht Mord sein: Die Tollkirschenwurzel zum Beispiel soll gegen die Gicht helfen, allerdings nur, wenn man beim Ausgraben keine unanständigen Gedanken hegt.

Es gibt aber noch einen dritten Zweig der Nachtschatten-Familie: die Zierpflanzen. Und es muß dazu gesagt werden, daß diese Einteilung nur provisorisch ist. In Wirklichkeit sind die nützlichen Nachtschatten zugleich zierend, die giftigen nützlich und die zierenden teils nützlich, teils giftig.

Die zierenden also: Dazu zählen einige Tabak-Arten, die nicht gut zu rauchen, aber schön anzusehen sind, und von denen vor allem die leidenschaftlich gern züchtenden Engländer viele aparte Sorten erzeugt haben. Vom giftigen Stechapfel (*Datura*) gibt es sehr dekorative Arten, und auch die Petunie ist ein Nachtschattengewächs — eine, wie man so sagt, »dankbare«, also ganz anspruchslose Balkonkastenpflanze, die ich vielleicht mehr schätzen könnte, wenn ich sie seltener sähe: Manche Pflanzen werden durch übermäßigen Gebrauch abgenutzt, zur Mode degradiert.

Da ist die Lampionblume (*Physalis alkekengi*) klüger, wenn man so sagen darf: Sie versteckt sich im Gebüsch, turnt mit halb liegenden Zweigen zwischen anderen Stauden herum und zeigt erst im Herbst, wenn alles welkt, ihre leuchtend orangeroten Laternen. Sie ist eine Schwester der Kapstachelbeere (*Ph. peruviana*), aber während diese ihre eßbaren Früchte in graugrünen Lampions birgt, bietet die Lampionblume ihre weniger eßbaren um so festlicher dar, und wir können sie ernten als Tischdekoration oder für Trockenblumensträuße: Eine Sonnenfarbe, die den grauen Winter in satter Farbe übersteht.

Noch ein Mitglied der Nachtschatten-Familie umhüllt seine Frucht auf diese Weise, und noch einmal ein wenig anders: Der silbergraue Kelch der Giftbeeren-Blüte schließt sich über der Beerenfrucht mit ausladend gerundeten, in der Mitte aber nach innen eingefalteten, fein geäderten Blättern. Das sind papierne Preziosen, verschwenderisch aufgereiht an einer vielfach verzweigten Krone. Der einjährige Busch (*Nicandra physalodes*) kann, wenn er allein steht, wie ein Bäumchen wirken, dessen Zweige sich in schneller Abfolge mit glockigen, am Blütenrand blauen und im Schlund weißen Blüten bedecken, an deren Stelle dann schon nach zwei oder drei Tagen der Lampion hängt.

Die Giftbeere (die wirklich sehr giftig ist!) stammt aus Peru. Zuerst wurde sie nur in Botanischen Gärten gehegt, später als Zierpflanze ausgesät, und dann machte sie sich selbständig, tauchte unvermutet irgendwo auf, ein »Gartenflüchtling«, wie die Botaniker in solchen Fällen sagen, unstet und wanderfreudig, seßhaft nur dann, wenn sie Jahr für Jahr neu ausgesät wird von einer Gärtnerin oder einem Gärtner, die sich, aus welchen nicht zu ergründenden Motiven auch immer, hingezogen fühlen zu dieser etwas exzentrischen Familie, in der das Gift so nah beim Wohlgeschmack liegt, die Lockung nah bei der Drohung, die Düsternis nah beim Leuchten, der Zauber nah beim Tod.

Vergessene Würzkräuter

Ein Kräutergarten ist ein Museum: Die Pflanzen, die darin wachsen und geerntet werden, sind vor Jahrhunderten für die Küche entdeckt und dann von Garten zu Garten weitergegeben worden. Ihre Wege lassen sich in den alten Kräuterbüchern ein Stück weit zurückverfolgen, bis es dann zum Schluß oft heißt: »Schon die alten Römer...«

Das eine oder andere Würzkraut ist freilich unterwegs verlorengegangen, vor allem in unserem Jahrhundert. Das sind Schätze, die der Wiederentdeckung durch Gärtnerin und Gärtner harren und die man selbst in den Büchern über alte Bauerngärten kaum jemals erwähnt findet — von den Gartencentern ganz zu schweigen.

Zum Beispiel die *Bärwurz*. Wer sie im Garten hegt, an einer warmen, trockenen Stelle, der wird schon im Frühjahr täglich nach den ersten Filigranspitzen der Blätter Ausschau halten, die sich später zu großen, immer feiner verzweigten Blattwedeln mit fadendünnen Nebenblättern entfalten — ein luftiger Bausch, Grün vom Feinsten, in der Küche mannigfach verwendbar.

Das kräftig würzige Aroma, nicht ohne Schärfe, bleibt auch dem getrockneten Kraut erhalten (anders als beim geschmacklich sehr ähnlichen Dill) und paßt zu Fisch und

Quark und Ei so gut wie zu allen Salaten — und am allerbesten zu Gurkensalat und Gurkengemüse.

Das ist aber nicht alles: Auch die Wurzel hat es in sich, mit einer wiederum anderen Duftnote. Im schottischen Hochland kochte man sie als Gemüse, und anderwärts setzte man einen hocharomatischen und magenstärkenden Schnaps darauf an.

Die Bärwurz ist ausdauernd, hört auf den botanischen Namen *Meum athamanticum* und zählt zur Familie der Doldenblütler. Damit ist sie eine Cousine der *Süßdolde*, deren botanischer Name *Myrrhis odorata* gleich doppelt auf den Wohlgeruch der Pflanze hinweist. Auch sie war früher ein beliebtes Küchenkraut, und da sie ebenfalls ausdauernd ist, findet man sie oft aus alten Kulturen verwildert bei Sennhütten oder in verlassenen Gärten.

Die Blätter erinnern an Farnwedel, ihr Duft beim Zerreiben an Anis. Der Geschmack der Blätter ist so mild, daß man bedenkenlos große Mengen davon an den Salat geben kann. Die Süßdolde gedeiht auch im tiefsten Schatten und entfaltet — wie die Bärwurz — im Juli große weiße Blütendolden. Ihre reifen Samen sind tiefschwarz und eignen sich, zerstoßen, als apartes Gewürz vor allem für Fleischsaucen, bei denen die Gäste dann überrascht fragen, welches Küchengeheimnis sich hinter dieser ungewohnten Nuance verbirgt.

Es gibt ja, fällt uns dabei ein, zwei Motive für das Würzen: Entweder wollen wir einer Speise ihre ganz spezifische, gewohnte Note geben (so wie etwa zur Pizza der Oregano-Duft gehört) — oder wir wollen eine Abwandlung kreieren, zum Beispiel bei einer Salatsauce, die heute mehr nach der Bärwurz und morgen mehr nach der Süßdolde schmecken darf — und erst übermorgen wieder nach Petersilie und Schnittlauch, wie gehabt.

Je öfter wir uns nach dem zweiten Prinzip richten, um so mehr wird uns zugute kommen, daß nahezu alle Würzkräuter zugleich auch Heilkräuter sind — und früher, als Pharmazie nichts anderes war als angewandte Botanik, vor allem als solche verwendet wurden. Bärwurz und Süßdolde zum Beispiel regen den Fluß der Magensäfte an und tragen auf diese Weise zur Bekömmlichkeit der Mahlzeit bei. Das gilt auch für unser drittes Beispiel eines vergessenen Küchenkrauts: die *Sumpf-Schafgarbe*.

Eine gefüllt blühende Abart dieser Pflanze ist unter dem Namen »Hemdenknöpfchen« von jeher als Gartenstaude beliebt. Ob die gefüllte oder die ursprüngliche Art — die zarten Triebspitzen mit den feingesägten schmalen Blättern liefern eine Würze von zarter Bitterkeit und gehören — so lehrt es uns ein Schild im Botanischen Garten zu Hamburg — unbedingt in die berühmte Hamburger Aalsuppe. Die kann es in der Tat vertragen, daß man ihr etwas Verdauungsförderndes beimischt. Aber auch sonst können wir mit den Blättern der Sumpf-Schafgarbe (*Achillea ptarmica*), wenn wir sie vorsichtig verwenden, einen ungewöhnlichen Akzent setzen, — und, wie mit Bärwurz und Süßdolde, einem ehrwürdigen Kraut zu neuem Leben in der Küche verhelfen.

Vom Heilkraut über das Würzkraut zur Zierpflanze — das ist ein ganz typischer »Lebenslauf« für viele Pflanzenarten. Ob man darin einen Aufstieg zu höheren Gartenweihen oder einen Abstieg in die Niederungen des »nur« Zierenden sieht, ist Ansichtssache.

Zweite Erdbeerernte

Frau Generaloberarzt Jäger, welche, den Bräuchen ihrer Zeit
entsprechend, nie und nimmer Generaloberärztin hätte werden können, dafür aber den Titel ihres Mannes mitbenut-
zen durfte, Frau Generaloberarzt Jäger also schrieb mitten
im Ersten Weltkrieg ein Buch über ›Die Haushaltungskunst
im Kriege‹, mit vielen guten Vorschlägen, wie man aus bei-
nahe nichts eine schmackhafte Mahlzeit bereiten könne und
wie mit einheimischen Gewächsen Ersatz für die fehlenden
»Kolonialwaren« zu schaffen sei.

Das waren nicht unbedingt brandneue Rezepte, sondern
auch erinnerte Praktiken aus bescheideneren Zeiten, in
denen die Leute sich mehr von den Früchten des eigenen
Landes nährten als von Importware. Den Erdbeerblättertee
zum Beispiel, den Frau Jäger als nahezu gleichwertiges Sur-
rogat für schwarzen Tee empfiehlt, hatte Johann Georg Krü-
nitz schon hundertfünfzig Jahre zuvor in seiner ›Ökonomi-
schen Enzyklopädie‹ hoch gelobt.

Im Spätsommer haben wir für einen solchen Tee das
jüngste und feinste Erdbeerlaub zur Verfügung: die kleinen
Blätter der zahllosen Ausläufer, die sich in unseren Erdbeer-
reihen gebildet haben und die wir jetzt abschneiden müssen, weil sonst aus den Reihen ein Feld wird.

Die faltigen, frischen Blätter, mit dem Nudelholz etwas
zerdrückt, machen in einer dicht schließenden Büchse im
Backofen bei 50 Grad eine wundersame Verwandlung durch:
Nach vier Stunden sind sie dunkelbraun fermentiert, duften
nicht mehr krautig, sondern eher fruchtig, und können nun
getrocknet werden. Wir sehen dieses Teekraut als zweite Erd-
beerernte an, zumal die erste und eigentliche in diesem Jahr
zu wünschen übrigließ, nach Menge wie Geschmack.

Manche Gärtner nehmen den Mutterpflanzen nicht nur die Ausläufer, sondern auch den größten Teil der Blätter. Das ist eine Art der Verjüngung, welche die Lebensdauer der Erdbeerpflanzen um ein oder zwei Jahre verlängern soll. Ich habe den Rat, so zu verfahren, in diesem Jahr zum ersten Mal befolgt. Die rasierten Reihen sehen bejammernswert aus. Aber so ist das im Garten: Für jedes Gedeihen, für jede Ernte müssen wir *auch* etwas verstümmeln, vertilgen, ausmerzen, entwurzeln, töten — und nennen das alles nur anders, um das Bild vom sanften Gärtner, der in Frieden mit der Natur lebt, nicht zu trüben.

Wir nennen es ernten, wenn wir die prächtigsten Blüten, die der Garten jetzt zu bieten hat, die der Sonnenblumen, schon köpfen, bevor sie erblüht sind, und die Knospen gesotten und gesalzen auf den Tisch bringen. Die fleischigen Fruchtböden ähneln denen der Artischocke, und John Gerard, ein englischer Kräuterkundiger, schrieb schon vor vierhundert Jahren, sie seien diesen sogar vorzuziehen; statt die Knospen gar zu kochen, könne man sie auch auf einem Bratrost milde bräunen und dann mit Öl, Essig und Pfeffer anrichten. Nur die grünen Kelchblätter muß man zuvor soweit wie möglich abzupfen, denn sie schmecken genauso harzig, wie sie sich anfühlen. Die kleinen Reste, die dennoch hängenbleiben, verleihen den Böden einen bitteren Hauch, wie er einer appetitanregenden Vorspeise gut ansteht.

Ewiges Gemüse

Der schwitzende Gärtner verkörpert überzeugend eine ganze Kollektion von geflügelten Worten: Ohne Fleiß kein Preis. Wer wohl sät, der wohl mäht. Kühn ist das Mühen, herrlich der Lohn — und dergleichen Lebensweisheiten.

Aber man hat ja erfahren, daß von den meisten Lebensweisheiten auch das Gegenteil zutrifft und daß dieses in der Regel weit komfortabler ist. Auch im Garten gibt es das, also: den Lohn der Faulheit. Sogar im Gemüsegarten, für den doch die Knochenarbeit als ganz unerläßlich gilt. Daher stammt das andere Sprichwort: Schaff dir keinen größeren Garten an, als deine Frau bestellen kann.

Es gibt eßbare Pflanzen, bei denen wir uns ganz aufs Ernten beschränken können und niemals zu Hacke oder Spaten greifen müssen.

Fangen wir mit den Zwiebeln an. Eine davon sagt schon mit ihrem volkstümlichen Namen, daß man sich um sie nicht zu kümmern braucht: die »Ewige Zwiebel«. In den Gartenbüchern heißt sie *Winterheckzwiebel*. Einmal gepflanzt, bildet sie einen von Jahr zu Jahr umfangreicher werdenden Busch, der unentwegt dicke grüne Schlotten treibt und im Juni wunderschöne cremefarbene Blütenkugeln. Wir können die Schlotten als eine Art groben Schnittlauch verwenden — und das nicht nur zur Sommerszeit, denn es müssen schon sehr harte Fröste kommen, damit die grünen Röhren welken; gleich danach treiben sie schnell wieder aus.

Damit aber nicht genug: Die Winterheckzwiebel hat am Grund keine richtige Zwiebel, sondern nur, wie der Porree, ein verdicktes Ende, so daß wir, wenn unser Busch groß genug geworden ist, *ganze* Pflanzen ernten und als Lauchgemüse zubereiten können. Es wird mir immer unbegreiflich bleiben, warum nicht in jedem Garten mindestens ein Quadratmeter Boden der Winterheckzwiebel überlassen wird. Oder zwei.

Auch die *Etagenzwiebel* wächst ohne jedes Zutun. Ihre Grundzwiebel ist klein und hart und kaum genießbar, aber im Juni erscheinen anstelle von Blüten ganze Nester mit haselnußgroßen Brutzwiebeln, die man ernten und lange aufbewahren kann, soweit man sie nicht braucht, um daraus immer neue Mutterpflanzen zu ziehen.

Sodann die *Taubnessel*! Wer die frischen Triebspitzen einmal probiert hat, wird sie als milden Salat zu schätzen wissen, doch schmecken sie auch gedünstet gut, samt Blüten und Stengeln. Bis zum Herbst können wir davon schneiden, immer wieder wächst frisches Grün nach, und im Boden vermehrt sich dabei ein dichtes Geflecht weißer Wurzeln, das für genügend Nachschub sorgt.

Wir übergehen den Sauerampfer und den Salbei, die eher zu den Gewürzen zählen, wiewohl man aus dem einen eine gute Suppe und mit dem anderen köstliche Küchlein backen kann, und kommen zu einem der feineren Gemüse — zum *Grünspargel*. Anders als den Bleichspargel kann man ihn ernten, wenn seine Stangen schon zwei Handbreit über die Erde hinausgewachsen sind. Nach dem Pflanzen braucht er drei Jahre, ehe man ihn probieren darf, und in den Anleitungen ist zu lesen, daß er bis dahin und auch in den Folgejahren mancher Zuwendung bedarf. Aber er geht nicht unter, wenn man ihn einfach wachsen läßt. Die hohen feinblättrigen Triebe, die sich im Sommer entfalten, sind im Garten ebenso dekorativ wie in Blumensträußen.

Der Johannistag, an dem die Spargelernte endet, ist auch der letzte Tag, an dem wir vom *Rhabarber* noch ein paar Stangen nehmen dürfen, für Nachtische, Kuchen, Saft und Marmelade. Die uralte Dauerpflanze — kein Gemüse eigentlich, aber eben auch kein Obst — ist zugunsten süßer Früchte vernachlässigt worden. Sie harrt der Wiederentdeckung, doch sollte, wer sie pflanzen will, gut darauf achten, eine der mildsauren Sorten zu kaufen: zum Beispiel »Holsteiner Blut« und »Vierländer Blut«.

Die Pflanze, die mir unter den Dauer-Gemüsen am liebsten ist, bestätigt zugleich die alte, auch im Garten geltende Regel, daß die Bescheidenen oft verkannt werden, während die Protzigen ihre Triumphe feiern: Still für sich hin wächst und blüht in irgendeiner feuchten Ecke des Gartens der *Schlangen-Knöterich (Polygonum bistorta)* mit seinen rosaroten, walzenförmigen Ähren, und kaum jemand weiß oder ahnt auch nur, daß da ein köstliches, bißfestes Gemüse bereitsteht, das man ohne Scheu auch anspruchsvollen Gästen vorsetzen darf.

Die lappigen Blätter, die denen des Sauerampfers ähneln, entspringen alle am Grunde, sind langgestielt und ziemlich groß, zwanzig reichen für eine Portion. Diese Blätter haben es in sich: Grob geschnitten und kurz gedünstet, entfalten sie einen ganz eigenen Geschmack, mit einer Spur von milder Säure. Die Engländer machen von alters her einen ihrer grauenerregenden Gemüsepuddings daraus, aber wir sollten die Blätter keinesfalls in Mehlpapp ersticken, sondern eine Senf-Sahne-Sauce dazu geben oder sie mit gekochten Kartoffeln in eine Form schichten, verschwenderisch mit Käse überstreuen und zwanzig Minuten in der Glut des Backofens reifen lassen. Und den Gästen stellen wir einen Strauß der schönen Blüten auf den Tisch, damit sie wissen, mit wem sie es zu tun haben.

Eigentlich ist diese Knöterich-Art eine Pflanze der feuchten Wiesen, kommt auch oft noch wild vor. Doch müssen wir es uns ja heutzutage, wegen der Autoabgase und der Altlasten und der Pestizide (und natürlich auch, um die Bestände zu schützen), dreimal überlegen, ob wir eine Wildpflanze draußen einsammeln. Besser, wir ziehen sie im Garten heran. Vom Schlangen-Knöterich reicht ein Quadratmeter, um zwei Personen ab Mai alle vierzehn Tage mit einer auskömmlichen Mahlzeit zu versorgen, bis in den Oktober hinein.

Wahrscheinlich ist das ein gesundes Gemüse, denn der Schlangen-Knöterich genoß den Ruf der Heilsamkeit bei mancherlei Beschwerden, er sollte sogar gegen die Pest wirken, und gehört zu den Pflanzen, die in den Gärten zugleich als Gemüse und als Medizin kultiviert wurden. Sie enthält Gerbstoffe und Mineralstoffe, und irgend etwas wird schon dabeisein, was uns zuträglich ist: Es ist ja die Vielfalt der Substanzen, die wir zu uns nehmen, die uns am ehesten vor Einseitigkeit und Mangel schützt. Wenn ich durch den Garten gehe und hier ein Blättchen Minze, dort etwas Schnittlauch, auch Zitronenmelisse oder Fenchel oder was sonst gekaut habe, dann bilde ich mir ein, es könne schon aus Gründen der Wahrscheinlichkeit gar nicht anders sein, als daß etwas darunter war, was meinem Magen oder meinem Blut oder meinem Hirn zum Nutzen gereicht. Und vielleicht stimmt das ja sogar.

Nur zögernd rate ich zum *Topinambur*: Die Knollen, die von Oktober bis März geerntet werden, schmecken zwar geraffelt als Salat ganz vorzüglich (weniger gut, wenn man sie in der Pfanne gart), aber sie erzeugen ganz unfehlbar die gräßlichsten Darmwinde. Ein Gemüse für Singles. Aber es

34

gehört nun einmal zu den ausdauernden Gemüsen, die der Garten aus sich selbst erzeugt, während wir nichts weiter tun, als im Liegestuhl daneben zu faulenzen und ab und zu schläfrig das passende Sprichwort vor uns hin zu murmeln: Der eine hat die Mühe, der andere die Brühe.

... und der Senf dazu

Vom Weißen Senf (*Sinapis alba*, auch Gelbsenf) sollte immer reichlich Saatgut im Hause sein: Im Sommer können wir es überall dort aussäen, wo eine interimistische Bodenbedeckung erwünscht ist, die zugleich pikante Blätter für den Salat liefert und auch eine gute Mulchschicht bildet; im Winter lassen wir die gelben Körner in einer Schale mit Wasser auf einer Watteschicht wie Kresse keimen und streuen die jungen Pflänzchen aufs Butterbrot. Auch der Schwarze Senf (*Brassica nigra*) eignet sich dazu, doch ist er deutlich schärfer.

Wenn man die Samen der beiden Senfarten schon vorrätig hat, dann ist es kein langer Weg zum eigenen Mostrich — so wie die Engländer ihn ja von jeher aus gemahlenen Senfkörnern bei Bedarf frisch zubereiten. Auch in alten deutschen Kochbüchern stehen Rezepte dafür, allerdings meist fehlerhafte. Das Senfpulver, so heißt es da, sei mit Essig, Salz und heißem Wasser zu einem Brei zu verrühren. Entsetzlich! Denn jede der drei Zutaten für sich ist imstande, die Arbeit der Enzyme zu hemmen, welche die Senfschärfe überhaupt erst hervorbringen; mild und bitter bleibt der Senf, wenn man ihn so mißhandelt. Richtig ist es, den Brei mit *kaltem* Wasser zu bereiten, eine Viertelstunde zu warten und dann erst, nach Geschmack, Essig und Salz, vielleicht auch je eine Spur Pfeffer und Nelken hinzuzufügen. Diesem Senf kann nur Hitze noch etwas anhaben, weshalb man ihn nie mitkochen, sondern erst zum Schluß einrühren darf, wenn die Senfsauce nach Senf schmecken soll.

Schwarzer Senf ist schärfer als Weißer. Wer seinen Senf selbst zubereitet, kann unterschiedliche Mischungsverhältnisse ausprobieren und seine eigene Hausmarke erschaffen, vielleicht auch, statt des scharfen Senfs von Düsseldorfer Art, einen mild-süßen, süddeutschen, mit reichlich Zucker oder einen französischen mit Zwiebeln, Thymian, Zimt, Nelken und Lorbeer, was dann freilich eher eine Kräuterpaste als ein richtiger Senf wäre.

Lauter falsche Kapern

Ein paar grüne Kügelchen können ein Gericht verändern: Kapern sind eine pikante Zutat zu manchen Eierspeisen und Salaten; sie können Saucen beleben und einer Pizza den letzten Pfiff geben. Bei Königsberger Klopsen sind sie ganz unentbehrlich, und wer die Anfertigung von »Partyhäppchen« nicht scheut, wird auf Kapern als Garnierung nicht verzichten wollen.

Kapern sind die Blütenknospen eines dornigen Strauches (*Capparis spinosa*), der nur in den wärmeren Regionen des Mittelmeerraumes gedeiht. Trotzdem können wir unsere Kapern im eigenen Garten ernten. Von jeher hat man nämlich auch die Knospen von hierzulande blühenden Pflanzen als Ersatz für Kapern genutzt. Wer das ausprobiert, stößt vielleicht sogar auf eine Geschmacks-Nuance, derentwegen er den »Ersatz« dem Original vorzieht.

Am häufigsten werden die angenehm scharf und senfartig schmeckenden Früchte der Kapuzinerkresse empfohlen. Aber da ist Vorsicht geboten, denn sie sind im Inneren schon steinhart, wenn die äußere Samenhülle noch frischgrün erscheint. Man muß sie also in ganz jungem Zustand ernten! Besser eignen sich die geschlossenen Knospen, die freilich nicht so bißfest sind.

Andere Kapern-Knospen sind die der Sumpfdotterblume, des Besenginsters und mancher Distel-Arten. Bei letzteren muß man gut darauf achten, daß die Kelchblätter sich noch nicht an den Spitzen zu Dornen verhärtet haben. Mir schmecken am besten die Knospen des Löwenzahns; wie echte Kapern haben sie einen leicht bitteren Geschmack. Milder sind hingegen die Knospen des Gänseblümchens.

Oft liest man auch, die Knospen des Scharbockskrauts ergäben gute Kapern. Mit dieser Pflanze verhält es sich aber so, daß sie zur Blütezeit einen nicht ganz harmlosen Giftstoff erzeugt (weshalb man auch die Blätter für einen Frühlingssalat unbedingt nur vor der Blüte ernten sollte). Vielleicht ist es besser, auf diese Knospen ganz zu verzichten.

Um Knospen als Kapern einzulegen, übergießt man sie mit warmem Salzwasser und läßt sie eine Nacht stehen. Dann fügt man reichlich Essig hinzu und kocht kurz auf. Nach dem Abkühlen füllt man die Knospen in ein verschließbares Glas und gibt von dem noch einmal aufgekochten Essig so viel hinzu, daß sie gut bedeckt sind. Ein Schuß Öl, der sich auf der Oberfläche verteilt, sorgt für Luftabschluß und gute Haltbarkeit.

Unkraut für die Küche

Wer den Giersch im Garten hat, weiß, was »Unkraut« ist und wird nicht empört sein, wenn man ihn auch als solches bezeichnet: Wo der Giersch wächst, wächst nichts anderes mehr, und er erweitert sein Reich von Jahr zu Jahr; ihn zu vertreiben, ist harte Arbeit, und wenn man meint, man sei ihn los, erhebt er unfehlbar in irgendeiner Ecke doch wieder sein Haupt.

Wahrscheinlich ist der Giersch in unseren Gärten ein Erbe aus früheren Zeiten, in denen man ihn anpflanzte — einerseits, weil er gegen Gicht und Podagra helfen sollte, andererseits, weil man ihn als Gemüse nutzte: Die ganz jungen Blätter, die wie frisch lackiert aussehen, sind zwar ein wenig bitter, eignen sich aber als Zugabe zu Mischsalaten und für den, der Bitteres mag, auch als Gemüse, wie Spinat gekocht und gewürzt. Und das ist nicht das einzige Garten-Unkraut, das man essen kann.

Tatsächlich sind wir ja, wenn wir Wildkräuter ernten wollen, auf den Garten angewiesen. Draußen wissen wir nie, ob die Fundstelle nicht durch Pestizide oder Düngemittel oder Abgase verpestet ist, vom allgegenwärtigen Hundekot nicht zu reden.

Diese Warnung findet sich übrigens meist auch im Kleingedruckten jener Wildpflanzen-Kochbücher, die uns dazu verlocken wollen, wenigstens fallweise vom Kopfsalat auf den Löwenzahn, vom Spinat auf den Giersch umzusteigen.

Wir sollen die Kräuter, so heißt es im Vorwort eines solchen Buches, nur »an ungedüngten, staubfreien Standorten holen, die nicht durch Spritzmittel und schädliche Umwelteinflüsse belastet sind«.

Für die meisten von uns muß es ein frommer Wunsch bleiben, jemals eine solche Stelle zu finden. Und wenn wir sie finden, bliebe immer noch zu fragen, ob es recht getan ist, die Pflanzen, die dort wachsen, tütenweise abzuschleppen — denn mit kleinen Mengen ist es ja nicht getan, wenn eine Mahlzeit daraus werden soll. Scharen von Spaziergängern, die Löwenzahn ausstechen oder Wegwarten entblättern — das scheint mir kein erstrebenswertes Ziel.

Also müssen wir die Wildpflanzen, die wir in der Küche verwenden wollen, zuvor im Garten ansiedeln. Den »schädlichen Umwelteinflüssen« können wir damit zwar auch nicht ganz entrinnen, vermeiden aber wenigstens die gröbsten Gifte. Und die Samen für unsere Kulturen können wir ja unbesorgt auch an Straßenrändern, in Parks oder an Ackersäumen ernten.

Freilich können wir nicht alles Eßbare in den Garten holen, jedenfalls nicht in den Mengen kultivieren, die wir für die Küche brauchen. Es gilt also auszuwählen. Und dabei sollten wir bedenken, daß nicht nur der Giersch, sondern auch andere eßbare Pflanzen im Garten zur Plage werden können: Man muß schon sehr viel Platz haben, um einem hinreichend großen Brennesselgebüsch Wohnrecht geben zu können, ohne daß sein Ausbreitungsdrang störend wird, oder um den Gundermann zu ertragen, der schlechterdings unzähmbar ist und alles andere unter einer dichten Blattdecke erstickt.

Was die Brennessel (und manche andere stickstoffliebende Pflanzenart) angeht, so sollten wir uns übrigens fragen, wie wir's mit den Nitraten halten: Man kann nicht auf der einen Seite die Nitrat-Vergiftung des Trinkwassers oder des überdüngten Kopfsalats beklagen und auf der anderen Seite just jene Wildpflanzen als »gesund« empfehlen, von denen eine einzige Portion mehr Nitrat enthält als zehn Liter schwer verseuchten Wassers, und bestimmt nicht weniger als jener Kopfsalat.

Das alles soll nun keine Miesmacherei sein, wohl aber: ein Hinweis darauf, daß das Vergnügen an Wildpflanzen uns nicht zu blindem Lob verleiten sollte. So gewiß wir in vielen Wildpflanzen wichtige Stoffe finden, die im Gartengemüse – und erst recht im gekauften – fehlen, so gewiß ist auch, daß wir über die Inhaltsstoffe der Wildpflanzen meist nur lückenhaft Bescheid wissen und noch mit unliebsamen Überraschungen rechnen müssen. Die Pyrrolizidin-Alkaloide im Beinwell (siehe unten) sind nur ein Beispiel dafür.

Einer, der es uns als Wildpflanze im Garten leicht macht, ist der *Löwenzahn*. Er wuchert nicht, ist ausdauernd, muß also nicht immer neu gesät werden, und treibt nach dem Abschneiden unverdrossen wieder aus. Stülpt man einen lichtdichten Eimer über die Pflanzen, dann kann man nach zehn oder vierzehn Tagen die bleichen (weniger bitteren) Blätter ernten, die sich im Dunkeln gebildet haben. Fortgeschrittene Löwenzahn-Gärtner graben im Winter die Wurzeln aus und treiben sie im Keller wie Chicorée vor. Die Blätter schmecken als Salat so gut wie als Gemüse.

Ähnlich unproblematisch wie der Löwenzahn sind die verschiedenen Arten des *Weidenröschens*, weil mit ihnen eine geradezu raffinierte Art der Gartenkultur möglich ist: Falls nicht ohnehin ein paar Weidenröschen im Garten leben, beschafft man sich Samen und sorgt dafür, daß mehrere Pflanzen an verschiedenen Stellen des Gartens blühen und sich versamen können. Die Samen keimen noch im gleichen Jahr — und im nächsten Vorfrühling werden wir auf den Beeten allenthalben die jungen Pflanzen entdecken, die wie Feldsalatbüschel aussehen und auch wie diese, nämlich mit der Wurzel, geerntet werden. Nur ein paar Rosetten lassen wir stehen, um den Nachwuchs zu sichern. Die jungen Blätter sind sehr schmackhaft, leicht säuerlich, und können in der Küche sowohl zu Salat und Brotbelag, wie auch zu Gemüse verarbeitet werden — zu einer Jahreszeit, in der wir sonst nicht vieles aus dem Garten holen können.

So viel zu meinen Favoriten. Andere Gärtner mögen sich andere Lieblingsgemüse erwählen. Für sie folgt hier ein Verzeichnis der wichtigsten eßbaren Wildpflanzen, die sich im Garten finden oder für die Gartenkultur eignen. Weggelassen sind all jene Arten, die längst als Kulturpflanzen üblich sind (wie Sauerampfer, Bärlauch und Pastinak); weggelassen sind auch alle nur würzenden Pflanzen — das wäre ein ganzes Kapitel für sich.

Eine Liste zum Aussuchen — mit Kulturhinweisen

Wiesen-Bärenklau (*Heracleum sphondylium*): Zweijährig bis ausdauernd. Die jungen Blätter und Stengel ergeben ein würziges, ganz leicht süßliches, allerdings etwas derbes Gemüse. Gedeiht im Garten bei Licht bis Halbschatten und nahrhaftem Boden.

Gemeiner Beinwell (*Symphytum officinale*): Ausdauernd.

Leider hat sich erwiesen, daß der Beinwell die leber-
schädigenden Pyrrolizidin-Alkaloide enthält. Man
sollte ihn also, obwohl er sehr gut schmeckt (vor allem
in Pfannkuchenteig getaucht und dann in der Pfanne
gebacken) nur gelegentlich einmal essen. Im Garten
braucht er viel Platz und einen nährstoffreichen
Boden.

Wiesen-Bocksbart (*Tragopogon pratensis*): Zweijährig. Die
Blätter sind als Gemüse und Salat verwendbar, die
Wurzeln als Gemüse. Wer Geschmack daran findet,
sollte aber versuchen, an Samen der Kulturart zu kommen, die als Haferwurz (*T. porrifolius ssp. sativus*)
schon vor fünfhundert Jahren aus dem Mittelmeerge-
biet zu uns gebracht wurde — *ein* Beispiel für viele, an
dem wir erschmecken können, daß die Bevorzugung
von Kulturpflanzen nicht von ungefähr kommt und
daß sich selbst kasteit, wer um des Prinzips willen die
Wildformen ißt.

Große Brennessel (*Urtica dioica*): Ausdauernd. Vom Nitrat-
problem war schon die Rede. Daß die jungen Blätter
nitratärmer sind, mag sein, jedenfalls sollte man nur
sie nehmen, um Brennessel-Suppe oder -Salat oder
-Gemüse zuzubereiten. Für die Gartenkultur braucht
man Platz und einen nährstoffreichen Boden.

Gänse-Fingerkraut (*Potentilla anserina*): Ausdauernd. Die
jungen Blätter sind als Salat und Gemüse eine herbe
Kost — also ausprobieren! Im Garten braucht man
viel Platz für ausreichende Mengen, dazu einen feuchten und stickstoffreichen Boden.

Franzosenkraut (*Galinsoga parviflora*): Einjährig. Die mild
schmeckenden Blätter eignen sich für Salat und
Gemüse. Gartenkultur ist nicht anzuraten. Wenn das
Franzosenkraut sich zufällig eingefunden hat, kann

man die Blätter in Mischungen verwenden — und wenn es dann nicht wiederkommt, ist das kein großer Verlust.

Gänseblümchen (*Bellis perennis*): Ausdauernd. Zur Verwendung als Gemüse und Salat sind große Bestände nötig, die rein zu erhalten gar nicht so einfach ist. Es lohnt aber den Versuch an einer geeigneten Stelle (verdichteter Boden, viel Licht, sonst anspruchslos), zumal die Blätter ganzjährig geerntet werden können.

Kriech-Günsel (*Ajuga reptans*): Ausdauernd, Ausläufer bildend, daher stets junge Blattrosetten vorhanden. Wintergrün, also ganzjährig zu ernten. Die Blätter sind ziemlich bitter, sollten also in Mischungen verwendet werden. In einer rotlaubigen Form ist der Kriech-Günsel auch als Gartenstaude verbreitet, die ebenfalls verwendet werden kann. Im feuchten Halbschatten ist eine ergiebige Flächenkultur als »Bodendecker« möglich.

Gundermann (*Glechoma hederacea*): Ausdauernd und ausbreitungsfreudig — also Vorsicht bei Gartenkultur! Die ganzjährig zu erntenden Blätter sind von kräftig-würzigem Geschmack und eignen sich für Gemüse und Salat.

Gemeines Hirtentäschel (*Capsella bursa-pastoris*): Ein- bis zweijährig. Eine Charakterpflanze gerade derjenigen Ruderalstellen außerhalb des Gartens, an denen die Ernte nicht unbedenklich ist. Gartenkultur nicht lohnend. Die zufällig auftretenden Bestände sind meist nicht ergiebig genug für die Küche.

Große Klette (*Arctium lappa*) und Kleine Klette (*A. minor*): Zweijährig. Aus den jungen Blättern und Trieben lassen sich Salat und Gemüse bereiten, aus der Wurzel im ersten Jahr ein mäßig schmackhaftes Gemüse. Die Kletten sind licht- und stickstoffhungrig — also auch nitratreich.

Knoblauchrauke (*Alliaria petiolata*): Zweijährig. Die Anzucht dieser — an sich guten — Salatpflanze ist, gemessen am Ertrag, wenig lohnend. Auch sie ist ein nitratreicher Stickstoffzeiger.

Weg-Malve (*Malva neglecta*): Einjährig bis ausdauernd. Wie bei allen Malven-Arten sind die Blätter als Salat und Gemüse geeignet, schmecken mild und etwas schleimig. Nitratreicher Stickstoffzeiger, für die Gartenkultur wenig geeignet.

Melde und Gänsefuß (*Chenopodium spp.* und *Atriplex spp.*): Die zahlreichen verschiedenen Arten sind fast alle eßbar, durch ihre Inhaltsstoffe aber nicht unbedenklich, sollten also selten verwendet werden, wenn sie etwa im Kartoffelbeet auftauchen. Für die Gartenkultur eignet sich besser die käufliche Garten-Melde (*A. hortensis*).

Schafgarbe (*Achillea millefolium*): Ausdauernd, Blätter meist wintergrün. Selbst die jungen Blätter sind herb und bitter und können daher nur in kleinen Mengen anderen Gemüsen und Salaten zugesetzt werden. Die Schafgarbe ist lichtbedürftig, sonst aber ganz ohne Ansprüche.

Scharbockskraut (*Ranunculus ficaria*): Ausdauernd. Siedelt sich gern im Schatten von Gehölzen an und liefert ein frühes Frühjahrsgrün mit hohem Vitamin C — Gehalt. Die Ernte muß allerdings vor der Blüte erfolgen, weil sich zur Blütezeit ein nicht ungefährlicher Giftstoff bildet. Verwendung in Mischgemüsen und Salaten.

Wiesen-Schaumkraut (*Cardamine pratensis*): Ausdauernd. Wem es gelingt, diese schöne Pflanze im Garten an feuchten Stellen heimisch zu machen, der wird — mit Recht! — zögern, ihre Blätter zu Salat zu verarbeiten.

Der kresseähnliche Geschmack ist noch vielen anderen Pflanzen eigen, zum Beispiel der folgenden:

Acker-Senf (*Sinapis arvensis*): Einjährig. Schmackhafter und ergiebiger ist die eng verwandte Art *Sinapis alba* (Weißer Senf), deren Samen man leicht beschaffen und im Laufe des Jahres mehrfach neu aussäen kann. Die jungen Blätter ergeben ein scharf schmeckendes Gemüse und einen guten Salat, auch in Mischungen.

Weiße Taubnessel (*Lamium album*): Ausdauernd, oft wintergrün. Wie alle anderen Taubnessel-Arten (auch die als Gartenpflanze verbreitete Goldnessel, *Lamium galeobdolon*) ist das eine gute und ergiebige Gemüsepflanze, die an Mineralstoffen besonders reich sein soll. Freilich gehört auch sie zu den Stickstoffsammlern!

Vogelmiere (*Stellaria media*): Einjährig. Vor allem zum Herbst hin verbreitet sie sich auf allen freien Stellen und kann dann den ganzen Winter über geerntet werden. Wo sich auf stickstoffreichem Boden dauerhafte Bestände bilden, kann man sie zu erhalten versuchen und die Pflanzen dann, je nach der verfügbaren Menge, als Gemüse zubereiten oder sie dem Salat zufügen.

Wegerich (*Plantago spp.*): Ausdauernd, mehrere Arten. Alle haben den Nachteil, daß die Blattnerven sehr zäh sind und entweder entfernt oder sehr klein geschnitten werden müssen. Für den Versuch, Gemüse und Salat daraus zu bereiten, empfehle ich den Spitzwegerich, weil er die zartesten Blätter hat und wegen seines aufrechten Wuchses leichter geerntet werden kann: Die jungen Pflanzen werden flächig »abgemäht« und treiben dann wieder durch. Gedeiht auf armem Boden.

Wegwarte (*Cichorium intybus*): Ausdauernd. Die immer etwas bitteren Blätter können jung, aber auch im Laufe des Jahres geerntet werden. Die Wurzel, die früher als Kaffee-Ersatz geröstet wurde, ergibt ein sehr bitteres Gemüse. Der Kulturform »Chicorée« hat man die Bitterkeit abgezüchtet — ich ziehe sie der wilden Wegwarte vor.

Großer Wiesenknopf (*Sanguisorba officinalis*) und Kleiner Wiesenknopf (*S. minor*): Ausdauernd, oft wintergrün. Eine anspruchslose und früher in Bauerngärten beliebte Salatpflanze von mildwürzigem Geschmack, die genau auf der Grenze zwischen Wild- und Kulturpflanze steht.

Mauer-Werk

Einer meiner ersten Gärten lag mitten in einer großen Stadt und stammte aus der Zeit, da man die Gevierte hinter den Häusern noch mit übermannshohen Mauern abzugrenzen pflegte. Solche alten Gärten haben etwas Verwunschenes, lassen an Klöster oder Schlösser denken, auch an fromme Paradiesgärtlein des Mittelalters oder an weniger fromme Liebesgärtchen.

Aber — so heißt es warnend — Mauern engen ein, sie rauben uns Licht und Blick und Weite. Das ist wohl wahr, aber just indem sie uns etwas nehmen, geben sie auch. Sie geben Schutz vor Sicht und Wind, speichern Wärme und strahlen sie ab, und das Merkwürdige ist: Sie vergrößern den Raum, den sie umschließen.

Ein mit Mauern umgebener Innenraum von ungefähr hundert Quadratmetern ist ein riesengroßes Gartenzimmer, während eine ebene Fläche, auch wenn sie genauso groß ist, dagegen eher mickerig wirkt.

Gartenmauern, mannshohe zumal, sind heutzutage meist nur als gute Gabe des Schicksals zu haben. Wer sie vorfindet, kann sich glücklich preisen. Sie neu zu bauen ist nur in Ausnahmefällen möglich. Die Baubehörden sind da sehr zimperlich und die Kosten unmäßig hoch. Deshalb weicht man gewöhnlich auf die Hecke aus, die zwar ihre Reize hat, doch ihr fehlt die eigenartige Faszination der undurchdringlichen Mauer.

Die richtigen großen Mauern rund um den Garten sind

nur der eine Aspekt des Mauer-Themas. Der andere ist die andeutende architektonische Geste, die einen Teil der Mauer-Reize in den Garten bringt; als niedriges Mäuerchen, etwa für die Abgrenzung zwischen Wegen und Pflanzflächen, oder als Mauerstück, das wie ein Paravent Raum bildet und Spannung dadurch erzeugt, daß es zunächst den Blicken etwas entzieht und uns damit weiterlockt in die Tiefe des Gartenraumes.

Der Grund, warum so viele kleine Gärten mißlingen, liegt darin, daß man sich aus Angst vor »Enge« solche Gestaltungsgesten versagt. Man versucht, die freie Fläche als weite Landschaft zu inszenieren, statt ihr durch Gliederung die Illusion von Raum abzugewinnen.

Mäuerchen und Mauerstücke müssen freilich dem Garten behutsam eingefügt sein, der Logik des Gesamtplanes ebenso entsprechen wie der unmittelbaren Umgebung. Sie können mit Gehölzen verbunden sein, können einen Hang abfangen oder einen Sitzplatz abgrenzen; sie können einen überraschenden Akzent setzen, einen Blickfang bilden oder sich wie selbstverständlich anschmiegen. Eine lebhafte Geste in der Vertikalen oder eine kräftige Betonung der Horizontalen — beides kann die kleine Mauer leisten.

Solche Mauern und Mäuerchen müssen gar nicht gemauert sein, das heißt, sie brauchen keinen Mörtel, sondern können einfach aufgeschichtet werden — aus Ziegeln oder aus Natursteinen, ja sogar aus Bauschutt und Betonbrocken. In England gewinnt die (dort von jeher geübte) Kunst des Aufbaus von Feldsteinmauern neuerdings wieder so viele Freunde, daß nun schon Wochenendkurse abgehalten werden, bei denen man lernen kann, wie man die Steine schichtet, damit die Mauer durch ihr eigenes Gewicht, gleichsam verfilzt, zusammenhält.

Es gibt auch wesentlich einfachere Methoden, standfeste Mauern zu errichten. In einem kleinen Garten im Berner Oberland entdeckte ich vor einigen Jahren eine lange, hüfthohe Stützmauer, aus schlichten Dachpfannen säuberlich geschichtet, mit dünnen Zwischenlagen von Erde — eine verblüffende Idee! Die tönernen »Rippen« vergrünen schnell, und die Zwischenräume sind sowohl bei senkrechter wie bei waagerechter Anordnung der Dachpfannen ein idealer Wurzelgrund für mancherlei Mauerspalten-Pflanzen: zum Beispiel für Steinbreche, Semperviven und Zymbelkraut.

Ich zweifle nicht, daß man eine Dachpfannen-Mauer gefahrlos bis zu zwei Meter hoch bauen kann, vorausgesetzt, man macht sie stabil genug.

Letzteres gilt übrigens für alle mörtellos gelegten Mauern. Selbst wenn man sich kräftig dagegenlehnt, dürfen sie kein bißchen nachgeben. Praktikabel auch in dieser Hinsicht sind die aus Bimsgrus gepreßten Steine, die es in mehreren Formaten zu kaufen gibt. Sie nehmen viel Feuchtigkeit auf (wodurch sie auch schwerer werden!) und bilden dann einen guten Nährboden für Flechten und Moose, die sich alsbald von selbst ansiedeln. Besonders schnell geht das, wenn man die Mauer gleich nach dem Aufbau ordentlich mit Jauche begießt. Keine Angst, schon nach ein paar Tagen ist der Geruch verflogen!

Diese Bimssteine sind wie handliche Bauklötze: Nie mag

man aufhören, damit herumzuspielen, sie umzuschichten, Nischen zu legen, auch Bänke und Türme. Präzise in der Waage und festgestampft muß der Unterboden sein — dann halten die Mauern Jahrzehnte. Manchmal sprengt der Frost eine Ecke weg. Die Mauer beginnt, sich in den Garten einzufügen. Wer das beschleunigen will, braucht nur einen Efeu oder eine Kletterhortensie daran zu pflanzen.

Ein anderes, allerdings ganz ungewöhnliches Mauer-Material kommt uns tagtäglich ins Haus, und manchmal haben wir Mühe, es wieder loszuwerden: die Zeitung. Zu festen Stapeln aufgeschichtet, haben die Zeitungen einen ganz eigenen ästhetischen Reiz, spätestens dann, wenn die Außenseiten der Mauern von Algen und Moosen grün angemalt sind und man schon sehr genau hinsehen muß, um zu erkennen, daß es sich nicht um uralte Steinplatten handelt.

Vielleicht beeindruckt es die Skeptiker, wenn ich erwähne, daß ich die schönste (und größte) Zeitungsmauer einst als Attraktion vor dem Papiermuseum in Düren sah. Warum also sollte sie nicht auch im Garten stehen?

In ihrem Inneren verrotten die Zeitungsmauern erst nach Jahrzehnten, weil die Luft keinen Zutritt hat. Um Rückfragen nach Belastungen zu vermeiden: Zeitungen enthalten keinerlei umweltschädliche Stoffe, und man kann die Zeitungsmauer bedenkenlos auf den Kompost geben, wenn man sie leid ist — oder wenn man sie vielleicht nur als Modell für eine richtige Mauer gebaut hat, um einmal die optische Wirkung auszuprobieren.

Als Krone kann die Zeitungsmauer eine Schicht von Grassoden tragen, auch eine Bepflanzung aus niedrigen Bodendeckern oder ein Sitzbrett. Auch diese Mauer wird nach kurzer Zeit ein Teil des Gartens werden, zugewachsen und in ihren Konturen gemildert; sie trennt vielleicht die Kompostecke ab oder verstellt den Blick auf das Iris-Beet, das uns dann entgegenleuchtet, wenn wir die Mauer umgangen haben. Mauern gleichen Biegungen auf einem Wanderweg. Sie verweigern und präsentieren im Wechsel der Bilder.

Schließlich die Holz-Mauer: Wie schön sind doch die Brennholzstapel vor ländlichen Häusern mit dem Patchwork der Querschnitte — und nichts spricht dagegen, kürzere oder längere Stammstücke oder Rundhölzer mit der Stirnseite nach vorne zu einer Mauer aufzuschichten. Sie sollte möglichst lang sein, damit sie nicht wie ein Holzstoß aussieht. Man kann vor allem Böschungen damit abfangen, Sitzbretter darauf legen und die Fugen mit lehmiger Erde anfüllen. Dann wird die Mauer lebendig, entweder von selbst oder durch eine klug angepaßte Bepflanzung.

Nur einen Schritt weiter noch, und wir befinden uns genau auf der Nahtstelle zur grünen Mauer, zur lebenden Hecke — beim »Totholzwall«. Der wird aus allen Ästen und Zweigen und Stämmen, die beim Bäumeschneiden anfallen, lose aufgeschichtet. An der Grenze des Grundstücks (das freilich nicht zu klein sein darf), aber auch als Querriegel in einem schmalen Garten, beleben sie das Bild auf eine veränderliche Weise: Im Laufe der Zeit sacken sie ein wenig zusammen, neue Äste werden nachgelegt, und inzwischen siedeln sich dort allerlei Kräuter an. Oder man pflanzt eine Clematis an den Wall, und im Sommer die Kürbisse. Wenn man es zuläßt und fördert, wird der Wall mit Grün und Blüten überzogen — ein ideales Refugium für Kröten, Igel und Vögel.

Im Märchen haben Mauern oft mit Schutz und mit Verzauberung zu tun. Einen Hauch von einer verträumten Welt kann uns die Mauer immer in den Garten bringen. Auch schon die kleinste Mauer.

Eierschalen und Schutt

So leichthin sprechen wir von Großmutters Zeiten und Bräuchen und meinen doch inzwischen, da Zeiten und Bräuche sich immer weiter wandeln, längst die Urgroßmutter. Großmutter jedenfalls kannte schon die gepreßten Torftöpfchen für die Aussaat von Gemüsen und Kräutern, indes die Urgroßmutter sich noch anders helfen mußte.

Es war aber irgendeiner Ururgroßmutter ein genialer Gedanke gekommen, als sie die Eier für den Kuchen trennte, das Eiweiß ablaufen ließ und das Gelbe mit Schwung in die Teigschüssel beförderte. Sie hielt die beiden leeren Näpfchen in den Händen, und da es gerade Zeit war, die Kürbiskerne zu legen, schoß es ihr durch den Kopf: daß dies die idealen Saattöpfchen wären. Sie probierte es aus, und siehe, die Sämlinge gediehen prächtig, und wenn man sie auspflanzte, brauchte man nur das Töpfchen, die Eierschale, zuvor ein wenig anzuknicken, dann konnte man das Pflänzchen, ohne sein Wurzelwerk zu beschädigen, einfach mit seinem Topf in die Erde drücken.

 Ururgroßmutter überlieferte das Verfahren ihren Töchtern und Schwiegertöchtern, und wenn sie auch gestorben sind, so hindert uns doch nichts daran, die Eier künftig mit besonderer Sorgfalt zu halbieren, die Schalenhälften heiß auszuwaschen (oder einige Zeit in den Regen zu legen) und, in Eierkartons aufgestellt, statt der teuren Torftöpfchen zu verwenden. Probatum est! ruft die Urgroßmutter.

Der Kalk, der die Sämlingswurzel umgibt, wird im Laufe des Wachstums teilweise aufgelöst und hilft, die Pflanze zu nähren. Überhaupt ist es ein Jammer, daß all der schöne

Eierschalenkalk im Müll endet. Sackweise könnten wir die Schalen brauchen; um sie auf den Kompost zu geben, wo sie die Verrottung befördern; um sie den Hühnern und Gänsen hinzustreuen, damit sie daraus wieder neue Eierschalen bauen können; und um immer wieder jene Pflanzen mit Kalk zu versorgen, deren Heimat und Lebensraum das Kalkgeröll der Berge ist. Der wohlriechende Diptam gehört dazu, die purpurn leuchtende Kartäusernelke und jene Steinbrech-Arten, die den Kalk so sehr lieben, daß sie ihre Blätter an den Rändern mit den allerfeinsten Perlenketten aus Kalkkörnchen schmücken.

Diese Mitglieder der Gattung *Saxifraga* sind immergrün, überstehen den Winter ohne jede Not und lassen im Juni an hohen, drahtigen Stengeln die überreiche weiße Pracht vielblütiger Rispen erblühen. Die kleine Rosette, aus der sich die Rispe erhebt, verausgabt sich damit völlig und stirbt hinterher ab, aber sie hat längst einen Schwarm von Tochter-Rosetten gebildet, die das Steinbrech-Polster üppig nach allen Seiten fortsetzen und für die Erhaltung der Art sorgen, denn der staubfeine Same keimt nur schwer.

Oft sieht man diese Steinbreche in Gartenbeeten stehen, schlaff und mastig: Der gute Boden bekommt ihnen schlecht. Was sie brauchen, ist der schiere Kalk, am besten ein aufgekippter Hügel aus grobem Bauschutt, mit vielen Spalten und Ritzen, in denen sich die Wurzeln weithin ausbreiten, um aus den Tiefen des feuchten Gesteins die schöne Rosette mit Feuchtigkeit und Nährstoffen zu versorgen. Nichts weiter als Bauschutt mit Zement und Mörtel und Ziegelsteinen, kein Dünger, schon gar kein Torf — und niemals auch nur die kleinste Wasserlache, die sogleich zu Fäulnis führen würde!

Wäre doch mancher Vorgarten statt mit Zwergkoniferen und geilen Tulpen mit einem solchen Hügel versehen und wüchsen darauf die Steinbreche, die kleinen kompakten Rosetten und die breitblättrigen und die mit den streichholzschmalen Blättern. Es müßte eine Lust sein, zur Blütezeit an diesen Vorgärten vorbeizustreifen, und während der ganzen übrigen Zeit, auch im Winter, böten sie den Anblick einer Schatulle mit den köstlichsten Kleinodien. Überhaupt gibt es unter den Kalkpflanzen besondere Schönheiten, Pflanzen, in deren Statur und Farben und Düften sich Trockenheit, Hitze und die brennende Natur des Kalks in hintergründiger Entsprechung ausdrücken − als Starrheit der Form, als Leuchten der Farben und als ätherischer Duft, in welchem die Wärme zu Ölen verdichtet erscheint.

Oft kommen wir dem Wesen einer Pflanze näher, wenn wir sie zusammen sehen mit dem Boden, aus dem sie wächst: Die Pflanze ist eine Antwort auf die Eigenschaften des Lebensraumes. Jenseits aller zweckmäßigen »Anpassung« gibt es da Übereinstimmungen, die sich nur als Bilder fassen lassen. Das gehört zu den schönsten Erlebnissen im Garten: die Gestalten in ihren Zusammenhängen verstehen zu lernen.

Am Fuß meines kleinen Kalkhügels haben die Arten der Gattung *Helleborus* ihren Platz gefunden: die weißblühende Christrose (*H. niger*) natürlich, auch die rotblühenden Hybriden, aber vor allem die Stinkende Nieswurz (*H. foetidus*), die mir die liebste ist, weil sie den Vorfrühlingsgarten mit dem weithin leuchtenden Gelbgrün ihrer glockenförmigen Blüten schmückt, wenn sonst noch gar nichts zu sehen ist.

Nicht nur die Blüten selbst haben dieses helle Grün, sondern der ganze verzweigte Blütenstand mit seinen Hochblättern, der sich über einen dichten, immergrünen Busch aus feingeschlitzten Laubblättern erhebt. Da gibt es, fast noch im Winter, ein Leuchtzeichen dafür, daß das Leben schon

wieder beginnt; die allerersten, viel zu früh aus dem Winter-
schlaf erwachten Hummeln wissen es zu schätzen, nehmen
natürlich auch keinen Anstoß an dem absonderlichen Duft
der Blüten, der nicht eben angenehm ist, aber auch nicht so
unangenehm, daß die Pflanze den Namen Stinkende Nieswurz verdient hätte. Leuchtende Nieswurz würde es besser
treffen.

Einiges über Gartengeräte

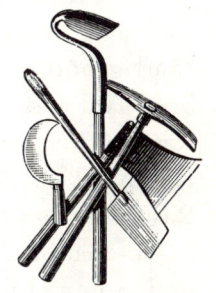

Es gibt einen Kreisregner, der, wenn
man den Wasserhahn aufdreht, wie ein
Feuerwerkskörper zur Seite schießt,
vom Schlauch gestoppt wird, worauf er
noch ein paarmal wild zuckt und dann
auf zweien seiner Beine liegenbleibt, während er das dritte
in die Luft streckt. Man glaubt gar nicht, was ein zuckender
Kreisregner innerhalb weniger Sekunden in einem Beet
anrichten kann. Der ergonomisch vortrefflich designte, im
übrigen aber eher hinfällige Bereichsregler ist abgebrochen,
vielleicht kann man ihn nachbestellen, aber das Konterge-
wicht, das den Kreisregner fürderhin auf den Beinen hält,
das muß man selbst erfinden und bauen, und wenn man es
gebaut und drangehängt hat, dann bricht das Widerlager
der Beine weg, als wäre es aus dünnem Plastik, — und das
ist es ja auch. Kein Zweifel, daß sich an diesem Kreisregner
qualifizierte Ingenieure, Ergonomen, Designer und Marke-
tingfachleute zu schaffen gemacht haben, und möglicher-
weise ist er sogar auf dem Testgelände von — nein, keine
Namen! — ausprobiert worden. Der einfältige Garten-

mensch versteht nichts von Ergonomie und Design und Marketing, aber ob etwas funktioniert oder nicht, das merkt er schon. So ist denn sein Staunen über das, was die Ingenieure und Ergonomen und Designer und Marketingleute ersinnen, stets auch von leiser Skepsis angehaucht. Tut das Ding, was es soll? Soll es, was es tut?

Zu bestaunen gibt es ja viel, und viel mehr als nur den Kreisregner mit Raketeneffekt. Vor allem gibt es Motorisiertes:

Der Elektro-Vertikutierer mit Fangbox, siebenfach verstellbarer Arbeitstiefe und Soft-Lift-Mechanismus für 339 Mark gehört noch zu den schlichteren Positionen des Angebots. Am anderen Ende der Skala steht der funkgesteuerte Rasenmäher einer italienischen Traktorenfabrik, der 2,6 Kilometer in der Stunde fährt und 1200 Quadratmeter Rasen in einer Stunde mähen kann. Auch am Berg.

Überhaupt sind die Übergänge zwischen Gartengerät und Automobil fließend. Es gibt viele Rasenmäher, mit denen man auch die Kinder zur Schule fahren kann. Und es gibt Kantenschneider, die klingen wie Gebrauchtwagen. Und wer sich darüber ärgert, daß er den Auspuff nicht mehr absägen darf, der kann sich mit einem Häcksler sehr reichlich für die entgangene Lust entschädigen.

Merkwürdigerweise vollzog sich die Motorisierung des Gärtnerns gegenläufig zur Entwicklung der durchschnittlichen Grundstücksgrößen, das heißt: je kleiner die Eigenheimgärten wurden, um so motorisierter die Geräte. Die Erklärung für dieses Phänomen kann nur darin liegen, daß die Leute das Mähen und Vertikutieren als Ersatz fürs Autofahren betreiben, ohne Stau und Gegenverkehr, oder auch: daß ihnen die Pflege des Gartens nur zumutbar erscheint, wenn es sich wenigstens so anhört, als führe man Auto.

In einem fortgeschrittenen Stadium kann es gar dahin

kommen, daß der Garten selbst als eine Art Auto betrachtet wird. Längst ist als Gegenstück zum deutschen Autowaschritual, welches sich samstags vormittags zwischen neun und zwölf vollzieht, ein Rasenmähritual entstanden, das samstags nachmittags absolviert wird, in anderen Gegenden auch freitags abends, während die Kinder gebadet werden, woraus schon erhellt, daß die engste Verknüpfung zwischen Garten und Auto in der kultischen Beziehung zur Sauberkeit besteht.

Auch die Beregnung des Gartens mit Trinkwasser kann weitgehend automatisiert werden, mit Feuchtigkeitsfühlern und Sprühköpfen, die sich bei Bedarf aus der Erde schieben wie Interkontinentalraketen aus ihren Silos. Es gibt da aber ein gähnendes Loch in der Produktpalette, einen unerklärlichen Leerraum zwischen den vollautomatisierten Sprenganlagen auf der einen Seite — und den klapprigen Sprengern auf Kufen, die man mit Steinen beschweren muß, damit sie keinen Schlangentanz vollführen. Dazwischen gibt es nichts, nicht einmal irgendeine Art von Stativ, mit dessen Hilfe man die Kufensprenger so anheben könnte, daß sie wirklich so weit über den ganzen Garten hin regnen, wie es die Gebrauchsanweisung verspricht.

Und da wir beim Wasser sind: Immer noch fehlt uns die Gießkanne, die wir im Garten stehen lassen können, ohne daß das Auge durch die übelsten Grüntöne beleidigt wird. Sie darf aus Plastik sein, wegen des Gewichts, aber warum nicht zum Beispiel aus jenem schwarzen Kunststoff, aus dem die Wasserkübel gemacht sind? Dann würde sie nicht so billig scheppern und nicht so schnell kaputtgehen. Und vielleicht ließe sich doch das Brausesieb so gestalten, daß es nur abgeht, wenn man es reinigen will, und nicht zur Unzeit abplatzt, wenn man zarte Sämlinge begießt.

Es kann ja nicht sein, daß die Gießkanne als Gestaltungs-

aufgabe den Designern und den Ergonomen zu banal wäre, denn mit weit
banaleren Werkzeugen befassen sie sich
unausgesetzt, so daß wir immer neue
Hacken und Häckchen, Grubber und
Grübberchen angeboten bekommen, obwohl die Grundge-
stalt und das Sortiment dieser Geräte sich schon vor Jahrhunderten ziemlich fertig herausgebildet hat, — natürlich
noch unberührt von der wissenschaftlichen Ergonomie, mit
einfachen runden Griffen, ohne jene schmeichelnden Griffmulden, die für den laienhaften Gartenmenschen die sicher-
ste Spur ergonomischer Bemühung darstellen. Es wäre über-
trieben, zu behaupten, daß das immer die richtigen Mulden
an der richtigen Stelle wären, und überhaupt drückt den
Gartenmenschen manchmal der Verdacht, daß viele Veränderungen der klassischen Gestalten gar nicht der Ergonomie
zuliebe unternommen werden, sondern aus der Not des
schieren Innovationszwangs geboren sind.

Anders ist kaum zu erklären, daß man zum Beispiel auf-
setzbare Spatengriffe aus Plastik findet, denen die Ergonomie sozusagen aus der Schweißnaht leuchtet, die aber, wenn
man sie anfaßt, doch nur von der Vergeblichkeit des Versu-
ches zeugen, etwas so jahrhundertelang Durchdachtes und
Ausprobiertes wie einen Spatengriff mit den Mitteln der
Wissenschaft noch zu verbessern.

Vor einem Jahr ist in England ein neuer Spaten kreiert
worden, dessen Stiel nach den allerneuesten ergonomischen
Erkenntnissen ganz absonderlich gekrümmt ist. Wahrscheinlich wird er sang- und klanglos untergehen, und dies
nicht nur, weil die Gartenmenschen zu dumm, sondern weil
die Ergonomen manchmal zu schlau sind.

Was man bis ans Ende aller Spaten diskutieren wird, ist
die Frage, ob der Stiel mit einem T-Griff, mit einem D-Griff

oder gar mit einem schlichten Knopf abschließen soll. Dazu lese ich in einem sechzig Jahre alten Buch über Hausgartentechnik, daß »die Frage des besten Spatengriffs noch nicht endgültig gelöst« sei, und da sie in den seither vergangenen sechzig Jahren auch noch nicht gelöst worden ist, darf man annehmen, daß sie gar nicht gelöst werden kann. Das hat einen einfachen Grund: Es kommt gar nicht auf die Ergonomie an, sondern auf die Gewohnheit.

Ich weiß, wovon ich spreche. Ich habe nämlich selbst erst spät in meinem Gärtnerleben den mühsamen Umstieg vom T-Griff auf den D-Griff vollzogen, weil die einzige noch mögliche Verbesserung des Spatens, die wir den Engländern verdanken, nur mit D-Griff zu haben ist: der Edelstahlspaten, bei dem Blatt und Tülle aus einem Stück geschmiedet sind und der unverwüstliche Kunststoff-Stiel so gut eingepaßt ist, daß er sich höchstens dann löst, wenn man den Spaten benutzt, um Baumwurzeln aus dem Boden zu hebeln – und dafür gibt es schließlich andere Geräte.

Das allereinfachste Gartenwerkzeug ist natürlich die Hand, aber die ist oft nicht hart genug. Götz von Berlichingens eiserne Hand müßte man haben, doch würde dann das nötige Feingefühl fehlen. Also brauchen wir die kleine Pflanzkelle (auch sie ist in Edelstahl zu haben) und den schmaleren und deshalb um so wichtigeren Unkrautjäter oder Distelstecher, mit dem man auch Ableger ausheben oder Schnecken erschlagen oder die Erde zwischen Stauden lockern kann.

Gewissermaßen am anderen Ende der Skala von Gartengeräten stehen dann Apparate wie der gräßliche Shredder, dieses lärmende Ungetüm, Ursache vieler nachbarlicher Streitigkeiten – und eigentlich überflüssig, Sinnbild neuzeitlicher Ungeduld, die nicht warten mag, bis die Stengel und Zweige und Blätter auf dem Komposthaufen schließlich ganz von selbst zu fruchtbarem Mulm zerfallen, unter Mithilfe von Tieren und Mikroorganismen, die weder Strom verbrauchen noch irgendeinen Lärm machen.

Wir werden in diesem Sommer gleichwohl häckseln, aber nur, weil wir von Freundeshand ein urtümliches und schönes Gerät auf den Hof geschleppt bekamen: einen alten Strohhäcksler mit einem großen Schwungrad. Eine mit breiten Nocken besetzte Walze preßt das Häckselgut erst zusammen, dann wird es von rotierenden Messern kleingeschnitten. Das Ganze ist zwar, siehe oben, eigentlich nicht nötig −, aber wer vermöchte sich der Lockung zu entziehen, die ein funktionierendes Schwungrad ausübt?

Ganz selten gibt es den Fall, daß wirklich revolutionäre Neuerungen einfach wieder in Vergessenheit geraten. Als kostbares Stück dieser Art bewahre ich eine Heckenschere, deren Griffe nach oben abgewinkelt und so weit verlängert sind, daß man sie stehend fassen kann. Am hinteren Ende des unteren Scheren-Schenkels ist ein kleines Laufrad angebracht: Man schiebt also die Schere vor sich her und schneidet mühelos nicht nur Rasenkanten, sondern, was viel bemerkenswerter ist, auch das hohe Gras einer Wiese, für das uns sonst die Verkäufer in den Gartencentern nur einen Balkenmäher offerieren können − oder jene Motorsensen mit Nylonfaden, die durch ihren Namen Hoffnungen erwecken, welche ihr schwächlicher Mechanismus gar nicht einlösen kann. Niemand hat diese geniale Heckenschere mit Laufrad jemals nachgebaut, leider.

Stattdessen sind die Gerätebauer ganz versessen darauf, immer neue Varianten von Hacken und Kultivatoren zu erzeugen, von denen die meisten überflüssig sind, besonders jene, die auf Rädern laufen und von denen man uns weismachen will, mit ihnen zu hacken sei ein Kinderspiel. Auch hier ist das ehrwürdig Alte und Einfachste das Beste:

der Sauzahn mit seinem einzigen Zinken, der kaum Kraft verlangt, das Unkraut entwurzelt und den Boden lockert, ohne ihn zu verwühlen. Sein Nachteil ist nur, daß er der weiteren Bearbeitung durch Ingenieure und Ergonomen nicht zugänglich ist und auch nicht der marketingmäßigen Zurichtung auf ein Firmen-Image. Ein Sauzahn ist ein Sauzahn, man kann mit ihm kein Aufsehen erregen und so verschwindet er, bescheiden und arbeitsam, hinter der lärmenden Menge von Geräten, die sich mit jeweils neuen Formen und Farben in den Vordergrund drängen.

Dieses Arsenal der Gartengeräte, ergonomisiert und designt und attraktiv eingefärbt, ist für den einfältigen Gartenmenschen gar oft der Anlaß für stille Heiterkeit.

Mögen sie Radhacken erfinden, denkt er bei sich, mögen sie Bügelzughacken mit austauschbarem Stahlmesser produzieren oder jene Sternfräser, die, statt zu fräsen, sanft piekend übers Beet tänzeln, mögen sie das alles mit Griffmulden versehen und mit Motoren aufpeppen, — er wendet sich, den Spaten in der Hand, seinem Garten zu und lächelt still vor sich hin, denn die letzte Nachricht, die ihn erreicht hat, besagt, daß man in England soeben den Prototyp eines Spatens gebaut und den Marketingexperten zur Begutachtung übergeben hat, eines Spatens, dessen eine Blattkante als Säge ausgebildet ist, so daß man Wurzeln, auf die man beim Graben trifft, gleich durchsägen kann, ohne das Werkzeug aus der Hand legen und ein anderes ergreifen zu müssen.

Vielleicht, denkt der Gartenmensch, ist dies nun die nicht mehr überbietbare Spitze, das glorreiche Ende der Geräte-Evolution, aber er denkt es nur einen kleinen Augenblick, denn in Wirklichkeit weiß er natürlich: Es wird weitergehen, der Innovationen wird kein Ende sein, und das allereinfachste Gartengerät wird immer ein Geheimtip bleiben: das Brotmesser mit Wellenschliff, möglichst ein spitz zulaufendes und nicht rostendes. Wenn es immer im Garten liegt, hilft es aus mancher Verlegenheit. Wir können Stauden damit teilen, kleine Äste absägen, im Sommer die Schnittlauchreihen herunterschneiden und noch vieles andere mehr. Die Erfahrung lehrt aber, daß man ein solches Brotmesser für den Garten eigens anschaffen muß. Wenn man es aus der Küche holt, kommt leicht Ärger auf.

Gegenstände, Gegensätze

Als die Zwerge aufgehört hatten, nächtens die Treppen zu putzen und die Beete umzugraben, da brannte man Zwerge aus Ton, malte sie an und stellte sie in den Garten. Als die Karrenräder aus Holz solchen mit Gummirädern weichen mußten, da stellte man die hölzernen in den Garten. Dasselbe widerfuhr den Schubkarren, Holzfässern, Eggen und ähnlichen Gerätschaften, und irgendwann werden selbst die

Fernsehschüsseln in den Gärten enden, vielleicht macht man Feuchtbiotope daraus.

Darüber ist leicht spotten. Aber erstens kann jeder in seinem Garten tun, was er will, und zweitens hat es Gegenstände aller Art im Garten immer gegeben, und die Zwerge und Karrenräder sind nichts anderes als das, was die Volkskundler »abgesunkenes Kulturgut« nennen, also die zur Trivialität geschrumpfte Nachahmung feudaler Selbstdarstellung — eher ein Grund zum Nachdenken als zum Spott.

Zu allen Zeiten haben die Menschen sich außer den Gewächsen auch Steinernes und Tönernes und Eisernes in die Gärten geholt. Die Klostergärten des Mittelalters, Goethes Garten an der Ilm, die Parks des achtzehnten und neunzehnten Jahrhunderts — alle enthielten plastische Attribute unterschiedlichster Art:

Sonnenuhren und Grabsteine, mächtige Amphoren, Rankgerüste, Kreuze, Glaskugeln, kleine und große Denkmäler, Grotten und Fontänen — und wenn ich an den Schloßpark denke, durch den vor Jahrzehnten mein Schulweg führte, dann sehe ich keineswegs nur Bäume und Sträucher vor mir, sondern gleich daneben: Hektors nicht endenwollenden Abschied von Andromache; von Oktober bis Mai verbarg ein Bretterverschlag die beiden, damit sie sich keinen Schnupfen holten, aber man wußte: Drinnen küssen sie weiter.

Eine besonders schöne Gartenplastik ist leider Entwurf geblieben. Der französische Keramiker und Grottenbauer Bernard Palissy hat sie vor vierhundert Jahren in einem Buch über seinen idealen Garten beschrieben:

Auf einem Sockel steht eine Dame, welche in der einen Hand einen Krug, in der anderen einen Brief hält. Tritt jemand heran, um den Brief zu lesen, dann schüttet ihm die Dame mit Hilfe eines komplizierten Hebelmechanismus einen Krug Wasser über den Kopf.

Ob Palissy mit dieser Strafe für Neugier erziehlich wirken wollte, schreibt er nicht dazu; möglich ist es immerhin, denn viele dieser Gegenstände im Garten hatten ihre tiefere Bedeutung und verkündeten etwas. Andere waren nur Staffage und Kulisse — aber alle haben sie eines gemeinsam: Daß sie in Form und Material einen augenfälligen Kontrast zu den freieren, weicheren Formen der Gewächse bilden.

Das Gewachsene hebt sich vom Gemachten ab und umgekehrt, und beide gewinnen dabei an Deutlichkeit. Im Botanischen Garten der Stadt Linz an der Donau steht mitten im Rosarium eine hinreißend schöne Plastik aus Schrott, die einen fabulösen Vogel darstellt: Kaum ein schrofferer Gegensatz läßt sich denken als der von Rosen und rostigem Eisen — und kaum einer, der sowohl den Rost als auch die Rosen in ihrer Eigenart besser zur Geltung bringen könnte.

Nicht minder eindrucksvoll als die Kontraste sind die Übergänge zwischen Belebtem und Unbelebtem. So wie der Rost seltsam wuchernde Krusten hervorbringt, die pflanzliche Wuchsformen aufnehmen, so gibt es umgekehrt Borken alter Bäume, die sich ins Steinerne zurückzuziehen scheinen.

Die Altersspuren der Gegenstände lassen sie zu Bestandteilen des Gartens werden. Die alten Gitter nehmen ihre Geschichte und die der Bewohner in sich auf, und es ist keine Sentimentalität, sondern der richtige Spürsinn für das Leben der Sachen, wenn wir vor der Patina verstummen, um etwas von ihren leisen Erzählungen vernehmen zu können.

Der Stein wird von Moos und Flechten verhüllt, manche Hölzer nehmen eine seiden glänzende Altersfarbe an, die spiegelnde Rosenkugel erblindet mit den Jahren. Alles scheinbar Gartenfremde verwandelt sich zum Garten hin. Da können wir sehen und mit Händen greifen, wie »die Natur« mit Wind und Sonne und Regen sich die Dinge einverleibt, und wir sehen auch, daß »Vergänglichkeit« nicht nur das Hinschwinden bezeichnet, sondern einen Ablauf, in dem jedes Stadium eine eigene Gestalt und seinen eigenen Charme hat.

Wer mag, kann sich bedienen: Er findet tönerne Töpfe, steinerne Bänke, spröde Putten und vieles andere, als Antiquitäten, denen die Melancholie der Erinnerung an bessere Tage anhaftet, und als Repliken, die auch nicht billig sind. Aber wo es darum geht, jenseits des vordergründig Dekorativen dem Garten das Andersartige einzufügen, damit es mit den Pflanzen zusammenklingt wie ein Akkord — da bedarf es gar nicht der anspruchsvollen Antiquitäten:

Es gibt mürbe Steine, verrottende Bretter, gebleichte Wurzelstümpfe, an denen die Spur von Zeit und Zeitlichkeit ablesbar ist und die im Garten wie ausruhend zwischen den Gewächsen liegen; mit uns zusammen verbringen sie noch eine Spanne ihrer Zeit.

Da kann der Garten geradezu ein heimliches Museum des Gärtners und der Gärtnerin werden:

Nur sie wissen, daß der kleine Steinhügel beim Lavendel für die Provence steht, wo er einst aufgeklaubt wurde, und daß der schwarze Eichenbalken von einem Dynamitschiff stammt, das vor hundert Jahren im nahen Fluß explodierte und von dem in Trockenzeiten immer noch einmal Überreste an den Tag kommen.

Spuren eigenen und fremden Lebens sind das, die den Garten erweitern, nach innen. Vielleicht kommt einmal jemand, der den Geheimnissen nachzuspüren versucht. Vielleicht auch nicht.

Tägliche Ankunft des Unvermuteten

Die Explodiergurke ist ein sonderbares Gewächs. Binnen weniger Tage erklimmt sie mit spiralig gedrehten Ranken ihr meterhohes Gerüst, schmückt sich mit elegant gelappten Blättern und wenig später mit zahllosen männlichen und einigen wenigen weiblichen Blüten; aus den letzteren erwachsen die Früchte: schwammig aufgeblasene, gelb-grüne, manchmal mit Stacheln besetzte Gurken von Daumenlänge, in deren Innerem bizarr geformte schwarze Samen heranreifen. Später wird die Hülle spröde, platzt mit einem trockenen Knall auf und schleudert die Samen aus. In unserem Klima kommt es dazu allerdings nur selten, denn die Explodiergurke ist in den südamerikanischen Tropen zu Hause und folglich besseres Wetter gewöhnt.

In diesem Jahr ist die Explodiergurke nicht gut geraten. Sie gilbte lustlos vor sich hin, kletterte mühsam mit schlaffen Stengeln, blühte kaum und brachte nur drei oder vier Früchte statt der zehn oder zwölf, die sie sonst zu liefern pflegt. Die Ursache ihrer Unlust war nicht zu ermitteln. An Wärme hatte es nicht gefehlt, auch nicht an Wasser, der Boden war nahrhaft wie immer, und die Schnecken, die sonst gern den fleischigen Stengel benagen, waren ausgeblieben.

Mit solchem Mißlingen muß der Gärtner sich abfinden, auch damit, daß er niemals erfährt, wie es denn dazu kommen konnte. Hingegen wird ihm bei solchen Gelegenheiten, immer wieder neu, etwas anderes deutlich, was er zwischendurch gern vergißt: daß nämlich alles Gedeihen im Garten von ihm, dem Gärtner, zwar anfänglich ermöglicht und begünstigt werden kann, daß aber das »Eigentliche« nicht seine Sache ist. Die Gewächse, der Boden und das Wetter machen es untereinander aus. Da kann der Gärtner nur zusehen, hie und da einmal helfend eingreifen, etwas Wasser nachliefern, ein paar ermunternde Worte murmeln oder einen Bambusstab als Stütze einrammen, mehr nicht.

Im übrigen hat er hinzunehmen, was sich ereignet und vollzieht, als Erfüllung von Gesetzen und Regeln und Lebensordnungen, als Ergebnis von Zusammenhängen und Abhängigkeiten und Zufällen. Er glaubt, über seinen Garten zu verfügen — und er erlebt statt dessen die Unverfügbarkeit, im Gelingen genauso wie im Scheitern.

Das Gelingen schreibt er übrigens gern seinem grünen Daumen zu. Aber warum nur, warum, hat sich die anmutige Osterluzei jahrelang auf freundliches Blühen beschränkt und bringt erst in diesem Jahr zum allerersten Mal eine dicke grüne Kugelfrucht hervor, eine einzige? Das hat nichts mit dem grünen Daumen zu tun, und niemand weiß, womit denn sonst.

Darin unterscheidet sich der Garten von der übrigen Welt, in der alles funktioniert und andernfalls vom Fachmann repariert oder höheren Ortes angemahnt werden kann. Die Züge fahren pünktlich (meist), die Autos springen an (fast immer), das Faxgerät spuckt aus, und der Briefträger kommt um halb zehn. Im Garten funktioniert überhaupt nichts, sondern es ereignet sich — oder auch nicht. Und jeder Gang in den Garten läßt uns sehen, was sich ereignet hat und ob unsere Mühen belohnt, unsere Angebote angenommen worden sind.

Noch etwas anderes, gleicherweise Unberechenbares zeigt uns der Garten, wenn wir ihn ernst nehmen als einen

Raum, in dem sich etwas ereignet: Es finden sich Gewächse und Geschöpfe ein, die wir gar nicht erwartet haben. Unterm Ostfenster, wo im Winter die Vögel gefüttert werden, sprießt Pflücksalat aus den Fugen des Plattenweges — seine Samen müssen aus dem Vogelfutter stammen, denn gleich daneben blüht auch das Kanarien-Glanzgras, das bei uns gar nicht vorkommt, sondern von den Kanarischen Inseln stammt und dessen Samen man gern dem Vogelfutter beimischt. Am Teichrand erstand wie aus dem Nichts ein Trupp von Rohrkolben und schob seine Lampenputzer in die Höhe — niemand hat ihn jemals gepflanzt, die feinen Samen müssen vom Wind herangeweht worden sein.

Noch weniger berechenbar als die Pflanzen sind die Insekten. Sie tauchen plötzlich auf und sind ebenso plötzlich wieder verschwunden. Nur manche von ihnen haben ihre festen Termine, wie die Glühwürmchen im Juni. Auch wenn wir die Namen nicht wissen, lernen wir doch mit der Zeit, sie zu unterscheiden als alte Bekannte oder als neue Gäste: den kleinen Schmetterling mit den roten Punkten, der im Juli auf der Minze zu kopulieren pflegt und bis- 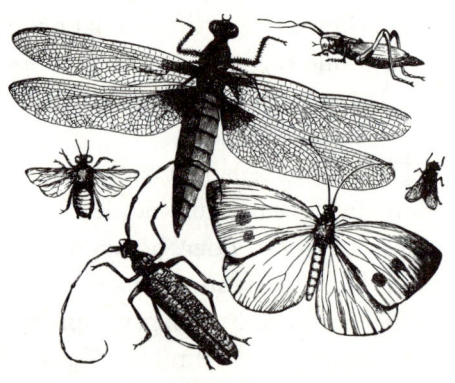 her in keinem Bestimmungsbuch zu finden war; die vier oder fünf verschiedenen Hummel-Arten, die sich mit Vorliebe auf den Blütenköpfen der Winterheckzwiebel versammeln, als wüßten sie, wie gut ihnen das steht; die Fliegen mit dem grüngolden glänzenden Leib, die zu Hunderten auftauchen, sobald die Pfefferminze blüht; die Käfer und Raupen, deren einige uns ärgern, weil sie die Lilien kahlfressen oder den Wirsing durchlöchern; im Mai schlüpfen die glasflügeligen Libellen in stundenlanger Arbeit aus dunkelbraunen Larven; im August können wir vielleicht ein paar Heuschrecken, die freilich immer seltener werden, weil das Land und die Wiesen vergiftet sind, mit großen Sprüngen flüchten sehen, und der September ist der Monat der Spinnen: Sie spannen ihre Rädernetze aus, in denen sich müde Fliegen verfangen; und überall, in Spalten und Fugen, leuchten die gelblichen Kokons der Kreuzspinnen, in denen bis zum Frühjahr Hunderte von winzigen Spinnen heranreifen, während die Mutter längst dahin ist.

Das alles ist Leben, an dem wir teilnehmen können, wenn wir es denn wahrnehmen — in Geduld, und nicht nur mit dem Gedanken an Kulisse und Ernte und irgendeinen »Erfolg«. Es ist eine Spannung darin, und diese Spannung rührt aus jener anderen Spannung zwischen dem Verfügbaren und dem Unverfügbaren, zwischen dem, was wir tun und dem, was sich »von selbst« vollzieht, wenn wir es zulassen und nicht durch unser Streben nach einer von uns mehr oder weniger willkürlich definierten Ordnung verhindern.

Es bilden sich andere Ordnungen, Beziehungsgefüge, Lebensmuster, denen gegenüber unsere eigenen Entwürfe ganz schal erscheinen. »Garten« heißt dann nicht mehr nur Frühjahrsblühen und Sommerpracht, sondern heißt vor allem: die tägliche Ankunft des Unvermuteten. Übrigens auch im Winter.

Überall ist Ninfa

Wenn der Efeu manchmal kummervoll und düster wirkt, so liegt das daran, daß er den besseren Zeiten nachtrauert, die er einmal gehabt hat: Da war er dem Bacchus geweiht und durfte dessen Kumpane bekränzen, die Zecher und die Dichter, und manchmal auch die Helden.

Das ist lange her. Heute wird der Efeu meist dazu verurteilt, auf den Friedhöfen von der Unsterblichkeit der Seele zu raunen und in trüben Hinterhöfen seine eigene Unsterblichkeit zu demonstrieren, nicht wegen der Symbolik, sondern weil er so pflegeleicht ist. Er wird nicht durch fallendes Laub lästig, klettert an jeder Mauer hoch und braucht dabei keine Hilfe, und wenn er nicht weiterklettern kann, dann beginnt er zu blühen und zu fruchten. Solche Unverdrossenheit verdiente größere Achtung, als sie dem Efeu gewöhnlich zuteil wird, und verdiente vor allem genaueres Hinsehen. Da zeigt sich dann, daß man nicht von *dem* Efeu zu sprechen hätte, sondern von den Efeus. Es gibt mehrere Arten und von diesen zahlreiche Sorten. Überdies wachsen an jedem einzelnen Trieb oft die unterschiedlichsten Blattformen, gelappte und rundliche, schmale und breite, große und kleine.

Wenn der Efeu alt und baumartig wird, verzichtet er darauf, mit solchen Varianten zu brillieren. Dann bildet er nur noch ovale, ungeteilte Blätter und widmet sich statt dessen dem ernsten Geschäft der generativen Vermehrung durch Blüten und Früchte. Der Gärtner freilich sät den Efeu nicht aus, sondern nutzt den Umstand, daß jeder kleine Steckling jederzeit bereit ist, in feuchter Erde Wurzeln zu schlagen.

Zum Klettern hat der Efeu spezielle Haftwurzeln. Es hat sich inzwischen herumgesprochen, daß diese für Verputz und Fugen ganz ungefährlich sind: Wenn sie sich einmal festgekrallt haben, trocknen sie ein und wachsen nicht weiter. Die Blätter aber bilden eine dichte Schuppendecke, an der jeder Regen abläuft. Staubtrocken ist es unter dem Efeupelz, und besonders gern brütet dort der Zaunkönig.

Über Jahrhunderte kann der Efeu die Gemäuer schützend einhüllen. Südöstlich von Rom, am Fuße der Lepinischen Berge, liegt die Ruinenstadt Ninfa, die früher Nympha hieß, weil ihre Anfänge in römischer Zeit dem Nymphenkult geweiht waren. »Dies entzückende Nympha ist das reizendste Märchen der Geschichte und der Natur, das ich irgend in der Welt gesehen habe«, schrieb vor über hundert Jahren Ferdinand Gregorovius in seinen italienischen Reiseberichten und nennt Nympha »die Efeustadt«.

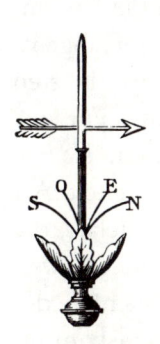

Im Mittelalter muß die Stadt sehr bedeutend gewesen sein, ein Papst wurde hier geweiht, aber niemand weiß, wann und warum sie später verlassen wurde. »Mancher Platz und manche Straße stehen noch da; zu ihren Seiten verfallene, vom Efeu umsponnene Häuser; manche palastartig, mit halbgotischer Architektur, einst Wohnungen des reichen Adels. Mauern, Türme, Kirchen und Klöster — und nun der dunkle Efeu, der alle Trümmer überwallt, der über Mauern sich ergießt in grünen Kaskaden. So viel Efeu ist hier — mir schien es, als sei dies Nympha die Efeurüstkammer Italiens, und als versorgten von hier die Efeugeister der Geschichte alle Ruinen dieses herrlichen Landes mit ihren Ranken.«

Efeu als schöner Schutz, als sanft fließende Decke, das Hinfällige freundlich verhüllend, die Altersfurchen der Hausgesichter verbergend — in Ninfa und anderswo. Auch

Bäume kann der Efeu bekleiden, und es droht ihnen davon selbst dann keine Gefahr, wenn die Efeustämme mit der Zeit armdick werden. Das wußte schon Theodor Körner, als er von der Frau dichtete, »die ihrer Liebe zarte Efeuranke um eine kühne Heldeneiche webt«.

Auf dem Holzweg waren deshalb jene besorgten Baumfreunde, die im Dortmunder Romberg-Park vor Jahren bei Nacht und Nebel mit der Säge viele uralte Efeustämme kappten, um die Bäume zu »retten«, an denen sie emporwuchsen. Hätten sie doch ihren Augen getraut, mit denen sie sehen konnten, daß die Bäume solcher Hilfe gar nicht bedürftig waren.

Und wem es nicht gefällt, daß die mit Wildem Wein bewachsene Wand im Winter kahl aussieht, der mag einen Efeu dazupflanzen, und er wird sehen, daß die beiden einander gut ergänzen. Was aber die Arten und Sorten angeht, so ist deren Nomenklatur mehr eine Sache der Spezialisten (die sich darüber keineswegs immer einig sind). Für uns genügt es zu wissen, daß der einheimische Efeu, *Hedera helix*, die variantenreichste und am meisten verbreitete Art ist; es gibt davon sogar eine niedrig bleibende Spielart, die streng aufrecht wächst und deren dreieckige Blättchen zweizeilig so exakt übereinander am Stamm stehen, als hätte der Efeu einmal ausprobieren wollen, was dabei herauskommt, wenn er seine ungestüme Lust am Variieren bezähmt.

Hedera colchica stammt aus Südosteuropa und hat fast eiförmige Blätter. Er wächst sehr schnell, ist aber in rauhen Gegenden etwas frostempfindlich. Das trifft übrigens auch für manche anderen Sorten zu und hängt sehr oft vom »Kleinklima« des gewählten Standortes ab.

Man sollte einfach alles ausprobieren, was einem an Efeus so über den Weg läuft. Die kleinsten Stecklinge reichen, um von überall her eine ganze Sammlung zusammenzutragen, viele Wände, Pfosten, Zäune und Pyramiden damit zu begrünen, sie wohl auch in großen Amphoren oder Töpfen anzusiedeln, über deren Ränder dann die Ranken fließen. Aus öden Maschendrahtzäunen können mit Hilfe des Efeus in drei oder vier Jahren dichte grüne Mauern werden.

Überall ist Ninfa. Überall findet der Efeu etwas, was er überspinnen und verzaubern kann, gnädig verhüllend, wirkungsvoll einrahmend, stolz bekrönend und immer seine Wandelbarkeit vorweisend, mit der er den erfreut, der sich die Zeit nimmt, hinzusehen.

Die Wiese gibt es gar nicht

Die erste Wiese, bis zu der meine Erinnerung zurückreicht, lag gleich neben dem Haus, diente als Pferdeweide und war eigentlich nur ein schütterer Teppich auf trockenem Sandboden — im kurzgefressenen Gras ein Muster aus den blaßvioletten Blütenständen des Thymians, den glänzendbraunen Ährenknäueln der Hainsimse (die wir Hasenbrot nannten) und den zahllosen grauen Pillen, die die Kaninchen hinterließen.

Also keine Wiese aus dem Bilderbuch — denn eine solche hat hohes Gras in Fülle und dazwischen bunte Blumen aller Art. Woraus erhellt: *Die* Wiese gibt es gar nicht, es gibt nur *Wiesen*, und zwar sehr unterschiedliche.

Ein zweiter Wiesen-Irrtum besagt, daß die Wiese ein Inbegriff des »Natürlichen« sei, Musterbeispiel der Unverdorbenheit, Ideal einer paradiesischen Ökologie. Nichts davon: Bis auf ein paar Wiesen-Typen auf extremen Standorten sind alle Wiesen durch verwundende, zerstörende Eingriffe des Menschen in bestehende natürliche Ordnungen entstanden. Mehr noch: Ohne fortgesetzte Pflege, also weitere und immer wiederholte Eingriffe in die natürliche Entwicklung sind diese Wiesen gar nicht lebensfähig: Sie streben alle zurück zum Urzustand, zum Wald, wie er Mitteleuropa bedeckte, bevor die Menschen begannen, mit großflächigen Rodungen Platz zu schaffen für Häuser und Äcker — und eben Wiesen fürs Weidevieh.

Freilich gab es da von jeher eine Art Mitspracherecht der Natur. Sie war es und sie ist es weiterhin, die bestimmt, welche Gräser und welche anderen Pflanzen auf dem jeweiligen Standort gedeihen können.

Trockene warme Hänge auf kalkreichem, durchlässigen Boden, einst von Schafen beweidet und entwaldet, tragen zum Beispiel eine völlig andere Pflanzenhaut als die mehr oder weniger feuchten Wiesen der Niederungen. Im einen Fall entsteht ein Kalktrockenrasen mit Thymian, Schlüsselblumen und Orchideen, im anderen Fall eine Fettwiese mit Vogelwicke, Wiesenkerbel und Wiesen-Salbei, mit Kuckuckslichtnelke und Wiesenknöterich. Dazwischen gibt es mehr als zwei Dutzend weitere Typen, von den Pflanzensoziologen sorgfältig definiert, geordnet und nach ihren Charakterarten benannt.

Dabei sind es aber nicht nur Boden und Klima, die den Wiesentyp bestimmen. Letztlich entscheidend für das, was in der Wiese wächst und wohnt, ist vielmehr die Art der Nutzung.

Erstes Beispiel: die »Streuwiesen«, die mit der Modernisierung der Landwirtschaft immer seltener geworden sind und fast schon einen schutzwürdigen Wiesentyp darstellen. Sie dienten der Gewinnung von Winterstreu für den Stall und wurden nur ein Mal gemäht — im Herbst, wenn das

Gras schon verdorrt war. Auf einer solchen Wiese können nur Pflanzen wachsen, die mindestens so hoch werden wie die Gräser oder die sich im Halbschatten des grünen Dickichts am Boden durchzuschlagen vermögen. Auch die Tierwelt einer solchen, das ganze Jahr über ungestörten Wiese ist natürlich eine andere als die der öfter gemähten oder gar beweideten Wiesen:

Auf den zwei oder drei Mal im Jahr gemähten Wiesen leben »Spezialisten«, deren Lebenslauf ganz genau zu den Mähterminen paßt. Die Herbstzeitlose zum Beispiel treibt aus ihrer Knolle im Frühjahr reiches Blattwerk, das dann (kurz bevor es auch »von Natur aus« absterben würde) der ersten Mahd im Juni zum Opfer fällt; die zweite Mahd im August überdauert die Herbstzeitlose im Boden und treibt erst danach die Blüte, die oft schon welkt, wenn im Oktober zum letzten Mal gemäht wird. Umgekehrt beim Löwenzahn: Er absolviert Blüte und Samenreife vor der ersten Mahd und lebt dann als robuste flache Rosette weiter.

Solche Lebenszyklen, in ihren Frequenzen genau den Zyklen der menschlichen Eingriffe entsprechend, sind durch die moderne intensive Bewirtschaftung der Wiesen oft zerstört worden — und damit sind die Pflanzen selbst verschwunden oder nur noch als letzte Relikte einer dahingegangenen Vielfalt hie und da zu finden. An die Stelle der Mahd ist weithin die intensive Beweidung getreten, oder auch der Umtrieb, bei dem die Wiesen aufgeteilt und mit System teils beweidet, teils, nachdem sie sich davon erholt haben, gemäht werden. Da bleiben nicht mehr viel Lebensmöglichkeiten für die Wiesenblumen, zumal man immer nahrhaftere, immer robustere Gräser anbaut. Kurzgefressen sind die Wiesen, dazu übermäßig gedüngt (was vielen Pflanzen den Garaus macht). Zwischen den Gräsern bleiben schließlich nur zwei Gruppen von Pflanzen übrig: jene,

die den Hufen der Tiere widerstehen können (z. B. Löwenzahn und Weißklee) und jene, die vom Vieh verschmäht
werden (wie Disteln und Ampfer) — und beide haben noch
damit zu rechnen, daß der Landwirt ihnen mit Herbiziden
nach dem Leben trachtet.

Von den frühen Zeiten der ersten Wiesen bis auf den
heutigen Tag haben sich Dramen abgespielt, Untergänge
und Siege, Eroberungen und Vertreibungen. Pflanzen, die
es zuvor in Mitteleuropa nicht gegeben hatte, sind, vor
allem aus dem Süden, in die offenen Wiesenlandschaften
eingewandert — mit ihnen übrigens viele unserer Schmetterlinge, die erst auf den Wiesen Lebensraum und Rau-
penfutter fanden. Jetzt zieht sich dieses Leben wieder
zurück, vertrieben und ausgerottet von einer immer härter
zupackenden Agrartechnik. Düngung und Beweidung im
Übermaß lassen kaum etwas von den bunt blühenden
Wiesenpflanzen übrig, deren Bedeutung als Medizin fürs
Vieh so gut wie vergessen ist. Aus ehemals nassen Wiesen
sind charakteristische Pflanzen (wie das Wiesenschaum-
kraut) durch Trockenlegung verschwunden, — und jene
Kalktrockenrasen hat man demoliert, indem man sie durch
Düngung ergiebiger zu machen suchte; das mißlang fast
immer — aber die alte, in Jahrhunderten entstandene
Lebensgemeinschaft war damit auch ein für allemal ver-
nichtet.

So werden die Wiesen immer ärmer an Arten — und
zugleich wird damit der Traum von der Wiese immer verlockender.

Jener Freundin, die beim Anblick einer Bergwiese ausrief
»Hier möchte ich Kuh sein!«, könnte man antworten
». . . und ich ein Laufkäfer«, denn um den Traum von der
Wiese richtig zu erleben, genügt es nicht, daß man sie von
oben ansieht. Man muß in die Hocke gehen oder noch bes-

ser: sich hineinlegen, auf den Bauch, um zu sehen, welche Tiere am Boden (und darin) leben, und auf den Rücken, um die Wiese so zu sehen wie Käfer und Asseln und Wanzen und Spinnen sie sehen, auch um den Thymian zu riechen (wenn es ihn denn noch gibt). Und wenn man dann die Augen schließt, hört man die Töne der Wiese, das Summen und Zirpen und das leise Schleifen der Blätter und Stengel, die sich aneinander reiben. Wärme gehört zu diesem Wiesentraum, ein sanfter Wind vielleicht, und die Vögel, von denen manche wirklich in der Wiese leben und brüten: Kiebitz, Feldlerche, Braunkehlchen und Wiesenpieper. Aber wo gibt es die noch? Eher findet man vielleicht noch einmal Heuschrecken, und auf jeden Fall natürlich den Maulwurf, dessen Hügel uns daran erinnern, daß die Wiese einst wie ein großes Haus war, bewohnt und belebt vom Keller bis unters Dach.

Wenn wir aufmerksam beobachten, finden wir selbst in unseren geschundenen und verarmten Wiesen außer dem Maulwurf auch noch andere Bewohner, Pflanzen und Tiere, die den Großangriff der chemisch-technischen Landwirtschaft bisher überstanden haben. Aber Vorsicht vor falschen Hoffnungen — das große Sterben geht weiter. Und wenn die Landwirte heute Prämien dafür bekommen, daß sie an den

Rändern ihrer Kulturflächen schmale Streifen als Refugien unbehelligt lassen, dann macht die Schäbigkeit dieses gut honorierten Gnadenaktes nur um so deutlicher, wie gnadenlos die einstige Kulturlandschaft verwüstet wird.

Da möchte sich wohl mancher den Traum von der Wiese im eigenen Garten erfüllen. Samentütchen mit bunten Bildern gaukeln ihm vor, das sei ganz einfach. Aber eine Wiese im Garten ist wie ein Vogel im Käfig, ein isoliertes Stückchen Land mit ein paar bunten Blumen — wenn es mit der Aussaat überhaupt geklappt hat und wenn der Wiesengärtner zuvor das Mähen mit der Sense erlernt hat — denn der Rasenmäher muß vor dem hohen Gras versagen. Ganz abgesehen davon, daß die Wiese keineswegs das Jahr hindurch so bunt sein kann, wie es die Bilder auf den Tüten verheißen: Die Wiese hat Höhepunkte des Blühens, und sie hat Ruhezeiten, die den Gräsern gehören.

Die Gräser: Kein leichtes Kapitel der Botanik. Das Knäuelgras ist noch leicht zu erkennen, weil es keine ähnlichen Verwandten hat, mit denen wir es verwechseln könnten. Wiesenfuchsschwanz, Englisches Raigras, Kammgras — so weit können wir mit einem Bestimmungsbuch noch kommen, ohne uns sonderlich zu mühen. Dann aber wird es schwierig, die Lupe muß her — und viel Geduld, um den Feinbau der Ährchen mit Hüllspelzen und Deckspelzen und Grannen zu erkunden und danach die Arten zu unterscheiden, die Süßgräser der Böden mit mittlerem Grundwasserspiegel, die Sauergräser der feuchten bis nassen Böden.

Auf der Wiese im Garten würden sich die Gräser, selbst wenn wir sie gar nicht mit aussäen, bald einfinden, denn Grassamen trägt der Wind immer herbei. Ansonsten aber bleibt es doch ein künstliches und begrenztes Leben auf dem kleinen Wiesenstück: Die Wiese, so wie wir sie träumen, lebt *auch* von ihrer Weite, und dies nicht nur, weil sich anders das sanfte Wogen der Halmflächen (das uns ans Wasser erinnert) gar nicht einstellen kann, sondern vor allem, weil das Leben der Wiese Spielraum braucht für Ausbreitung und Rückzug, auch für den Austausch mit benachbarten Lebensräumen, mit Hecken und Waldrändern und Ufern. Engt man das ein auf ein paar Quadratmeter, dann bleibt davon nur ein kümmerlicher Rest, bestenfalls eine Art Modell in tausendfach verkleinertem Maßstab. Weder können wir erwarten, daß sich ein Bläuling hierher verirrt, noch dürfen wir damit rechnen, von den zahllosen Insekten und Spinnen und Kleintierarten der Wiese mehr als die paar Spezies anzutreffen, die (selbst heute noch) fast allgegenwärtig sind.

Also bleiben wir darauf angewiesen, daß wir vielleicht im Urlaub, in den Bergen, in Naturschutzgebieten Wiesen finden, die noch nach alter Art »extensiv«, also schonsam beweidet oder regelmäßig gemäht werden. Da mag sich dann, zwischen Margeriten und Schafgarbe und Gundermann, wenigstens für Stunden oder Tage der Traum von der Wiese erfüllen:

Der Traum, zwischen Erde und Himmel zu liegen, die Wolken ziehen zu sehen, den Duft der Gräser zu atmen, während die Hummeln summen und die Schnaken unerbittlich stechen. Es ist Ruhe in diesem Traum, Geborgenheit, — aber es mag sich auch jemand ausgesetzt und verloren fühlen, wenn er in der Wiese liegt, und dann bleiben die segelnden Wolken plötzlich stehen und *ihn* reißt es fort und er weiß nicht mehr, wo er Halt finden kann.

Das Klischee von der paradiesischen Wiesen-Natur löst sich, wenn man genauer hinsieht, in viele unterschiedliche Bilder auf: Bilder von der Verwüstung des Waldes, der die Wiese ihre Existenz verdankt, Bilder von bunten Bergwiesen im Sommer, Bilder von graubraunen Herbstwiesen, an deren Grashalmen die Spinnen ihre Kokons aufgehängt haben, nicht ahnend, daß noch eine letzte Mahd bevorsteht; Bilder von jubelnder Wiesen-Seligkeit und Bilder von der Melancholie des Vergehens, die der Seele erst erträglich werden durch den Blick auf Bäume und Hecken als die verläßlichen Begleiter auch in der Zeit der Winterruhe. Die Wiese kann ein Fest sein — und sie kann vieles andere sein. *Die* Wiese gibt es gar nicht.

Am Hals Angelika

Auf wundersame Weise gelingt es den Ostasiaten, noch aus dem unscheinbarsten Gegenstand etwas unverwechselbar Fernöstliches zu machen. Die besten Fundgruben für solche Schätze sind die japanischen Lebensmittelgeschäfte, die es in manchen Großstädten gibt.

Da gibt es getrocknete Suppengemüse in malerischen Schaupackungen, Tees in durchsichtigen Tüten, die man einrahmen und an die Wand hängen möchte, und die »Racine de Angelique« der Firma Wah Loong aus Hongkong, ein Kästchen voll daumengroßer, geheimnisvollbizarrer Wurzelstücke; Skulpturen, die mit Nasen und Augen und Mündern an zauberkräftige Alraunen erinnern. Die heilende Kraft dieser Wurzeln scheint sich als bildende zu äußern und ruft Erdgeister ins Leben, ohne daß es dazu großer Veränderungen bedürfte: Ein paar Nebenwurzeln hat man abgeschnitten, die Wurzelfragmente ein wenig geglättet und dann getrocknet.

Es würde zu dieser einfachen, aber wirkungsvollen Zurichtung passen, wenn die Angelika-Wurzeln auch in China als Amulette Verwendung fänden — wie das in Europa der Fall war: Wer sich eine solche Wurzel um den Hals hängt, wird von jedem geliebt und ist gegen die Macht der Hexen ebenso geschützt wie gegen Pest und Cholera.

Der Glaube an die Zauberkraft hat einen ganz realen Ursprung. Die Angelika oder Engelwurz (*Angelica archangelica*) ist seit Jahrhunderten als verläßliche Heilpflanze in Gebrauch. Tees und Tinkturen aus ihrer Wurzel regen den Appetit an, fördern die Verdauung, lösen den Auswurf bei Bronchitis und wirken auch sonst, wie der Alchemist Thurneysser vor vierhundert Jahren schrieb, »wärmend, zerteilend, austreibend«. Der Gärtner, der die Angelika noch nicht hat, sollte nicht zögern, sie bei sich heimisch zu machen, um sich davon zu überzeugen, daß das höchste Lob gerechtfertigt ist.

Nur einen Nachteil hat die Pflanze — und das ist wohl auch der Grund, weshalb man sie in den Gärten so selten findet: Sie ist zweijährig, stirbt also nach der Blüte ab, und ihre Samen bleiben nur kurze Zeit keimfähig, weshalb sie gleich nach der Reifung ausgesät werden müssen. Im Garten besorgt Angelika dies selbst. Just in diesen Tagen habe ich an ihrem angestammten Standort das Heer der Keimlinge unbarmherzig reduzieren müssen — denn jede einzelne Pflanze braucht einen Quadratmeter Raum; sie wird mannshoch, breit ausladend und gibt sich majestätisch, doch mildert sich dieser Eindruck, wenn sie uns später ihre großen Blütenkugeln darbietet. Die Einzelblüten sitzen sternförmig am Ende fingerlanger, starrer Blütenstiele, die aus einem Punkt entspringen. So entsteht ein Ball aus lauter Sternen, ein Bild strahlender Heiterkeit in gelblich-grünen Tönen.

Als Doldenblütler ist die Engelwurz mit vielen vertrauten Würzpflanzen eng verwandt, mit Liebstöckel, Sellerie und

Kerbel zum Beispiel, und irgendwo in dieser Richtung liegt auch das Aroma ihrer Blätter, Stengel und Wurzeln, mit einem Beiklang von edler Süße und wässeriger Frische. Für den Geschmack kommt noch etwas Bitterkeit hinzu. Deshalb eignen sich die Blätter nur als Würze, doch lassen sich die weniger bitteren Blattstengel wie Stangensellerie zubereiten. Sogar eine süße Nachspeise läßt sich daraus machen, deren Rezept uns Fridtjof Nansen überliefert hat: Eskimos kauen Speckstückchen weich, spucken sie auf die zerkleinerten Stengel und lassen die Mischung dann gut durchziehen.

Verlockender ist die Idee, mit welcher Mr. Robertson aus Chelsea seinen Marmeladen zu bleibendem Ruhm verhalf: Er fügte ihnen ein Quentchen Angelika-Stengel als überraschende Würze hinzu. In Frankreich hingegen erfanden (oder perfektionierten) die Zuckerbäcker das Kandieren der Stengelstücke, die dann sowohl von ihnen als Leckerei wie auch von den Apothekern als magenstärkendes Mittel verkauft wurden, und wie sich hier Genuß und Heilsamkeit gesellen, so auch bei den Likören: Manche enthalten die Angelika nur des Geschmackes wegen, während er bei den Magenbittern ein unentbehrliches wärmendes und besänftigendes Ingrediens ist.

Es ist noch lange hin, bis wir — wie die Lappländer — die äußere Haut von den saftigen, hohlen Stengeln ziehen und diese dann roh essen können. Also begnügen wir uns mit den getrockneten Wurzeln aus dem Chinaladen, um die Bronchitis zu lindern und den Magen freundlich zu stimmen.

Was aber übrigbleibt von den duftenden Schrumpfköpfchen, das verleiben wir unserem Naturalienkabinett ein, dieser unsystematischen Sammlung von Gartendingen, die schön oder absonderlich, bizarr oder bunt oder sonstwie bemerkenswert sind. Ein Antimuseum ist das, verteilt auf

Fensterbänke, Regale und Schubladen, Protest und Gegenstück zu den heute üblichen, bis zum letzten Etikett durchgestylten Museen, in denen es zwar sehr viel und in der richtigen Reihenfolge zu lernen gibt, die aber vor lauter Systematik und Didaktik immer leerer werden, während die alten Naturmuseen oft den Neugier weckenden Charme des Chaotischen hatten.

Der Reiz des Sammelsuriums, und sei es auch mit Staub bedeckt, die Kurzweil des Ungeordneten und natürlich das Vergnügen des Anfassens werden nur dem zuteil, der sein eigenes Naturalienkabinett zusammenträgt, mit Knochen und Steinen, Häuten und Hölzern, mit dem Liebespfeil der Schnirkelschnecke und dem Larvenpanzer einer Libelle, mit Eulengewöllen, Samenständen und Wespennestern — und eben mit ein paar Angelika-Köpfen aus Hongkong, von denen wir, wenn wir ausgehen, einen um den Hals hängen, damit uns jeder liebt.

Die Mäuse müssen raus

Schwarzgerändert sind die Fingernägel, und es lohnt kaum, sie zu säubern, denn es ist die hohe Zeit des Jätens. Alles wächst unbändig, auch das, was man gar nicht haben will, zumindest nicht in dieser Menge und nicht an diesen Stellen.

Ironisch und streng weisen uns die Ökogärtner darauf hin, daß man ja nicht jedes Gräslein und jedes Kräutlein ausrupfen müsse und daß der Begriff *Unkraut* von Anmaßung und geradezu brutaler Gartengesinnung zeuge. Daß es diesen Begriff schon im Althochdeutschen gegeben hat, beeindruckt sie überhaupt nicht.

Ganz unrecht haben die Fürsprecher des ungestörten Wachsens gewiß nicht. Aber was sie immer verschweigen, ist die Tatsache, daß aus dem bescheidenen Gräslein ein starker Horst und aus dem allerliebsten Kräutlein ein kräftiger Busch werden kann. So raumgreifend ist der Horst, so mächtig der Busch, daß, ließe man ihnen Raum, bald nichts anderes als sie mehr am Leben wäre. Die ökologisch erwünschte Vielfalt wiche dann der Vorherrschaft von Knäuelgras und Zaunwinde.

Ja, die Zaunwinde. Sie ist eine Schönheit, eine wohlgelaunte Schönheit mit eleganten, scheinbar liebkosend umschlingenden Bewegungen, welche Goethe, den Vorwurf des männlichen Chauvinismus nicht scheuend, als Verkörperung des weiblichen Prinzips der Bedürftigkeit beschrieben hat.

Bedürftigkeit! Ha! und nochmals Ha! Die Stengelschnüre verdrillen sich zu zähen Seilen, kreuzen sich zu Netzen, ersticken alles Flache unter einer dichten Blätterdecke, bezwingen das Höhere mit Leichtigkeit, indem sie es unerbittlich zu Boden biegen oder sich daran hochschrauben, Vorhänge weben, schwere Portieren, hinter denen ganze Sträucher stumm den Erstickungstod erleiden. Diesen schmählichen Untergang des männlichen Prinzips hat Goethe übersehen, als er die »Spiraltendenz der Vegetation« geschlechtsspezifisch deutete.

Wenig Trost liegt darin, daß ein Tee von Windenkraut abführend wirkt: So viel kann ich gar nicht essen, wie ich mit den Winden meines Gartens abführen könnte.

Zupfen und Rupfen kann der Winde nichts anhaben. Sie antwortet darauf mit doppelt freudigem Wachstum. Darin ist sie dem diabolischen Giersch ähnlich, auch dem Schachtelhalm — und dem arglistigen Gundermann, der so zart und lieblich tut und so gnadenlos zäh ist; in manchen Staudengärtnereien steht er als »Bodendecker« zu Verkauf und kein Schild warnt den arglosen Kunden.

Ich will nicht lamentieren. Es ist immer noch besser, man hat ein Stück Land, auf dem man mit Gundermann und Windenfrau kämpft, als daß man seinen Gundermann für den Hustentee im Balkonkasten ziehen muß.

Was aber die Staudengärtnereien angeht, so halten sie auch unter ihren Zierpflanzen manches feil, um das der kluge und faule Gärtner am besten einen großen Bogen macht. Allfällige Vermerke wie »großer Ausbreitungsdrang« sind Schönfärberei angesichts der Knochenarbeit, die zwei, drei Jahre nach dem Pflanzen zu leisten ist. Die schöne Lampionblume zum Beispiel, mit deren orangeroten Fruchthüllen man jeden graubraunen Trockenstrauß zum Leuchten bringen kann, verfügt über ein zaunwindengleiches Wurzelwerk, mit dem sie meterweit wandert. Nichts vermag sie zu hemmen, und allenthalben taucht sie überraschend auf. Man wird sie nie wieder los, es sei denn, man gräbt die dicken Wurzelschnüre aus, bis auf den letzten kleinen Rest.

Das Hartnäckigste aber, was ich je erlebt habe, war die Knollen-Platterbse, ein zartes, betörend duftendes Wesen aus Westasien, vor langen Zeiten eingeschleppt oder sogar als Kulturpflanze ins Land geholt, weil nämlich die unterirdischen Knollen, aus denen sie erwächst, eßbar sind.

Schwarz berindet sind diese Knollen, innen weiß und daumengroß. Mit den anhängenden Wurzeln sehen sie wie kleine Mäuse aus, hießen deshalb auch Erdmäuse oder Holländische Mäuse, weil die Holländer sie im großen Stil anbauten, auf die Märkte brachten und gern in Butter geröstet aßen, während die Tataren und Kalmücken, in deren Heimat die Knollen-Platterbse vorkommt, sie in Salzwasser garten.

So etwas reizt natürlich die Neugier, und die ersten
Triebe, die sich über die Nachbarpflanzen legten, haben wir
noch freudig begrüßt, haben die Blüten bewundert und die
bescheidene Ernte des ersten Herbstes verkostet. Im nächsten Jahr hatte sich der kleine Bestand, trotz der Ernte, ver-
vielfacht, und im dritten Jahr stand fest: Die Mäuse müssen
raus, so bald wie möglich, denn weithin war nichts anderes
mehr zu sehen als Platterbsentriebe, lianengleich sich wei-
terspinnend, wie in einem schlimmen Traum vom Dschungel.

Zwei Jahre hat es gedauert, bis alle schwarzen Mäuse aus
dem Boden geklaubt waren. Wären doch auch die feineren
Gemüse so vital und so selbsttätig. Aber bei denen müssen
wir auf der Hut sein, müssen jäten und gießen und Raupen
absammeln — und träumen dabei von wuchernden Tomaten, unausrottbaren Kürbissen, zählebigen Broccoli. Auch
ein Spinatbaum wäre eine schöne Lösung.

Einschlafgedanken

Wer sorgt sich um uns, wenn wir verzweifelt die Kissen
knautschen und nicht in den Schlaf kommen können? Es
sind die Verfasser von Büchern über Schlafstörungen. Sie
raten uns zu wechselwarmen Fußbädern, zu Hopfentee und
leichter Kost — und auch zu sogenannten Phantasiereisen,
durch den eigenen Körper oder an einem endlosen Sand-
strand entlang oder durch einen *Garten*:

Man tritt durchs Tor, wird sogleich eingehüllt in Stille
und Düfte und ruhespendendes Grün. Vögel zwitschern,
Blütenrispen wiegen sich leise im Wind, ein Hauch von

Lavendel besänftigt das Gemüt, der Kies knirscht, und irgendwo plätschert ein Wasser. Man setzt sich auf eine Bank und schläft ein.

Bei mir hilft es. Und wenn der Schlaf noch nicht sofort kommt, so hat man bis dahin doch wenigstens sein Vergnügen – unter dem Vorbehalt freilich, daß man sich nicht den *eigenen* Garten für die Einschlafreise erwählt, sondern einen neuen erfindet. Denn  wenn man an den eigenen denkt, dann sieht man, daß die Christrosensämlinge Wasser brauchen, daß der Beinwell, weil er sich unmäßig breitgemacht hat, verpflanzt werden muß und daß es Zeit wird, den Oregano abzuschneiden, damit er sich nicht wieder so verschwenderisch versamt wie dieses Jahr im Erdbeerfeld. Das ist kein Garten, der beim Einschlafen hilft, sondern da zuckt es in den Händen und zieht in den Beinen, und das Zwerchfell vibriert. Wenn mir das zustößt, knipse ich das Licht an und schreibe alles auf, damit es nicht mehr so drückt:

Die Jungpflanzen vom Salbei auspflanzen: Nicht die des gewöhnlichen Salbei für die Küche (der ist ausdauernd und wird bei Bedarf im April durch Stecklinge vermehrt), sondern die einer anderen, zweijährigen Art, die ich drinnen vorziehe. Dieser Salbei heißt Muskatellersalbei *(Salvia sclarea)*, duftet aber weniger nach Muskat als vielmehr nach einer ganzen Seilschaft schwitzender Bergsteiger, weshalb er bei uns der Achselschweiß-Salbei heißt. Es ist aber nicht der Geruch, dessentwegen ich ihn Jahr für Jahr aussähe, sondern es sind die überaus prächtigen Blütenstände und die transparente Schönheit der Einzelblüten, hoch über großen Blättern, die sich zugleich narbig und sanft anfühlen (wie Eddie Constantine, sagt die Gärtnerin — woher weiß sie das?).

Den ausgeblühten Schnittlauch abschneiden — und zwar ganz und gar, bis knapp über dem Boden, um so frischer und zarter treibt er wieder aus. Weil es am Lindenhof sechzehn Meter Weg-begleitende Schnittlauchreihen gibt, nehme ich zum Abschneiden — nein, nicht den Rasenmäher, aber ein Brotmesser mit Wellenschliff, das überhaupt für manche Gartenzwecke hilfreicher ist als die Schere. Natürlich kann man die Samen auch ausreifen lassen. Dann hat man über kurz oder lang mehr Schnittlauchbüschel im Garten verteilt, als man vitaminhungrigen Besuchern je aufnötigen kann.

Übrigens ergeben die violetten Blütenköpfe, jung geerntet, ganz für sich allein einen rassig scharfen Salat; man braucht sie nur zu zerpflücken, muß allerdings den Stengel bis auf den letzten Rest entfernen, denn der ist hart und nicht zu kauen — eben deshalb auch die rigorose Rasur der ganzen Reihe.

Den Kerbelsamen ernten, der jetzt gerade reift und sogleich wieder ausgesät werden sollte, damit es möglichst keine oder nur eine kurze Pause in der Kerbel-Versorgung gibt. Je nach Witterung muß im August noch einmal nachgesät werden, damit im nächsten Februar kräftige Pflanzen herangewachsen sind.

Der Kerbel ist ja eines der ersten Kräuter, mit denen wir, noch im Winter, unseren Hunger auf Frisches stillen können, und wenn wir den Samen selbst gewinnen, dann bietet uns diese Pflanze noch als Zugabe ein merkwürdiges Farbenschauspiel: Während die eng in Döldchen zusammensitzenden Samen immer schwärzer werden, verändert sich die Farbe der vergehenden Stengel und Blätter in eine ganze Skala von zartvioletten und weißlichen Tönen. In bleichsüchtiger Schönheit stirbt der Kerbel dahin, dann sinkt er um und muß zum Trocknen und Dreschen ins Haus gebracht werden.

Mit dem Kerbel eng verwandt, sozusagen eine elefantische Version davon, ist die Riesenbärenklau *(Heracleum mantegazzianum)*, die jetzt ihre Blütenschirme entfaltet. Sie kam vor hundert Jahren aus Südosteuropa und ist nicht ganz zu Unrecht als gefährlich verschrieen: Wer sie berührt, kann, jedenfalls bei Sonnenschein, schmerzhafte Hautreizungen davontragen, und wo sie sich wohlfühlt, kann sie sich durch reichliche Versamung zu einem machtvollen Unkraut entwickeln, das alle anderen Gewächse unter seinem meterweiten Blätterdach ersticken läßt.

Trotzdem mag ich mich der neuerdings wieder öfter zu hörenden Forderung, diese Pflanze aus den Gärten zu verbannen, nicht beugen. Zu prächtig ist die Gestalt, zu faszinierend die Fülle der schönen Details (der burgunderroten Blattscheiden, der langsam sich auswickelnden Blätter und Blüten, der manchmal armdicken hohlen Stengel), als daß ich auf diese Ereignisse zugunsten höherer ökologischer Vernunft verzichten möchte.

Was die Irritationen der Haut angeht, so lassen sie sich leicht vermeiden, indem man Handschuhe anzieht, wenn man mit der Bärenklau umgeht. Und der Gefahr, daß die Pflanze sich verbreitet und ökologisches Unheil stiftet, kann man leicht entgehen, indem man den blühenden Stamm noch vor der Samenreife abschneidet; um so besser hält er sich dann drinnen den ganzen Winter über und erinnert uns, wenngleich bizarr und brüchig, an die schwere Pracht des Sommers.

Vorschläge für Vorgärten

Manchmal wird es doch zuviel. Wenn über Wochen hin kein Tropfen Regen fällt und zwei Dutzend neu gepflanzte Bäume Tag für Tag mit der Gießkanne versorgt werden müssen; wenn Holunder und Bohnen und Tomaten und Brombeeren zur gleichen Zeit reif werden und die Fülle zum lähmenden Alptraum wird; wenn die Brennesseln auf der Gänsewiese sozusagen johlend immer weiter vorrücken, weil niemand Zeit hat, ihnen endlich Einhalt zu gebieten. Dann kann es wirklich geschehen, daß den Gärtner und die Gärtnerin der Kleinmut übermannt und daß sie (heimlich und jeder für sich) von einem *winzigen* Garten träumen, etwa so groß wie die Garten-Gevierte im alten Beginenhof zu Breda, wo jedes Beginchen auf den eigenen vierzig Quadratmetern seine Heilkräuter und Gewürze anbaute und wo sie noch heute gehegt werden, allerdings nicht von den Beginen, die es nicht mehr gibt, sondern von einem städtischen Gärtner.

Mir würde ein Vorgarten reichen.

Jetzt läge es nahe, über die real existierenden Vorgärten herzuziehen und das Inventar ihrer Trostlosigkeit aufzuzählen: die viel zu große Libanon-Zeder, der viel zu kleine Rasen, der Tulpenkitsch, die tapferen Stiefmütterchen — und was da sonst noch als Zerrbild gärtnerischer Künste zu besichtigen ist, straßauf, straßab.

Aber der Spott ist billig und führt zu nichts, und aus der Sozialpflichtigkeit des Eigentums lassen sich bekanntlich kaum konkrete Forderungen ableiten, also auch nicht die, daß der Vorgartenbesitzer seinen Vorgarten so herrichten möge, daß er uns, den Passanten gefällt.

Gar nicht zu reden davon, daß Millionen deutscher Vorgärten durch die Brutalisierung des Straßenverkehrs und durch gnadenlos pinkelnde Hunde schlechthin unbrauchbar geworden sind. Aber die anderen Millionen in beruhigten Wohngebieten, in Reihenhaussiedlungen, in den Vororten — wie könnten sie aussehen, wenn man nur wollte! Da könnte die Straße zur Gartenschau werden. Wie denn?

Am ehesten dadurch, daß man es nicht auf die dekorative Wirkung des Entrees anlegt und eine sogenannte »harmonische Gestaltung« aus einem Baum, drei Sträuchern und diversen »Bodendeckern« verübt, sondern von den Pflanzen her denkt, von den hundert und tausend möglichen Stichworten, die uns verlocken könnten, auf einem begrenzten Raum auch nur ein begrenztes Thema anzuschlagen. Es mag da, zum Beispiel, jemand seine Vorliebe für die zarten Linien der Gräser bekunden, mit einer Sammlung, die er nach und nach draußen und in den Gärtnereien zusammengesucht hat. (Das so beliebte Pampasgras protzt freilich schon in allzu vielen Vorgärten.) Manche Vertreter dieser Pflanzenfamilien mögen es heiß und trocken, andere feucht und schattig; für jedes Vorgartenklima ist etwas dabei, was sich dann gut zu Steinen fügt oder in einem kleinen Gewässer spiegeln kann.

Oder, wo der giftige Aushauch der Autos einigermaßen abgewehrt werden kann: ein Kräutergarten, der alles enthält, was wir für die Küche brauchen und was ja auch unsere Ansprüche ans Dekorative durchaus zu erfüllen vermag — der prächtige Liebstöckel, die Schnittlauch-Allee und als letzte Blüte im Jahr das melancholische Violett des Oregano. Dazwischen, in einem Topf, der im Winter nach drinnen muß, der altmodische Zitronenstrauch *(Aloysia citriodora)*, auf dessen Blättern man in Frankreich den Verveine-Tee aufgießt.

Ein anderer Vorgärtner mag sich des Erdbeer-Themas

annehmen, mit mehreren Sorten am Boden, aber auch aus hohen Tonnen üppig herunterrankend, so gut wie immergrün, freundlich blühend und, wo die heimische Walderdbeere eingekreuzt wurde, monatelang Früchte tragend.

Wo es trocken und sonnig ist und wo man jegliche Gartenarbeit scheut, auch wenn es nur Vorgartenarbeit ist, da könnten aus den Fugen grob aufgeschichteter Trockenmauern und Steingebirge zwanzig oder dreißig verschiedene Arten der Hauswurz *(Sempervivum)* ihre Rosetten-Polster wachsen lassen. Sie sind nur hungrig nach Licht, sonst ohne jeden Anspruch. Die gelben oder rötlichen Blütensterne sind genauso schön wie die düsteren Farben der Blätter im Winter.

Das sind nur vier von zahllosen möglichen Vorgärten, die, indem sie ein Thema abhandeln, dem Vorübergehenden etwas erzählen, statt ihn mit einem Durcheinander von Farben anzuschreien oder mit leerer Staffage zu langweilen.

Und wo es noch möglich ist, daß der Vorgarten nicht Pufferzone zur feindlichen Straße sein muß, sondern Kontaktzone zum nachbarlichen Leben sein darf, da mag auch eine Bank stehen. Auf ihr sitzt manchmal der Vorgärtner und läßt sich befragen: ob das Basilikum diesmal einigermaßen geraten ist, ob im Schmetterlings-Vorgarten vielleicht einmal der Admiral aufgetaucht ist und ob es möglich wäre,  einen Ableger von der Winterheckzwiebel zu bekommen, auf deren cremeweißer Blütenkugel sich im Sommer alle Hummel- und Wildbienenarten einträchtig versammeln, die es in der Umgebung überhaupt noch gibt.

Natürlich kann er den Ableger bekommen. Und ein Büschel Basilikum dazu.

Vita zu ehren

Fast schon im Sterben läßt der »Silbertaler« die Samen für die neue Generation seiner Weiterexistenz reifen. An den welkenden Büschen trocknen die Trennwände der Samenschoten zu silbrigen Häuten auf, eine beliebte Zutat für Trockensträuße. Dem großen Linné fiel zu den flach-runden Silberschoten nicht das Geld, sondern der Mond ein, er nannte die Pflanze *Lunaria annua*. Mondviole ist der deutsche Name.

Gewöhnlich findet man in den Gärten die violett blühende Form. Es gibt aber auch eine weiß blühende Variante, die den Sortennamen »Sissinghurst« trägt, zu Ehren des berühmten Gartens von Schloß Sissinghurst in der englischen Grafschaft Kent. Dort hat die ebenso berühmte Schriftstellerin und Gärtnerin Vita Sackville-West zusammen mit ihrem Mann, Harold G. Nicolson, ein großes Gartenkunstwerk erschaffen, und ein Teil davon war der »Weiße Garten«, der in den vier Jahrzehnten seines Bestehens hundertfach kopiert worden ist, meist mit einer entscheidenden Veränderung:

Vitas Weißer Garten ist nämlich deshalb so eindrucksvoll, weil die ausschließlich weiß blühenden Stauden in Buchsbaumgevierten gebändigt und einer grünen Struktur eingeordnet sind, während die Epigonen einfach nur Weißblühendes zusammenpflanzen, was irgendwie rechthaberisch und überdies langweilig wirkt.

Viel leichter ist eine andere Idee aus Sissinghurst zu verwirklichen: Lange Haselstecken werden im Frühjahr geschnitten und als Bögen dort in die Erde gesteckt, wo es gilt, locker wachsende Rosensträucher oder üppige Staudenbüsche zu stützen. Das ist eine praktikable Alternative zu all den häßlichen Staudenhaltern, die uns im Fachhandel angeboten werden. Zwei oder drei solcher Bögen, gegeneinander verwinkelt aufgestellt, ergeben ein stützendes Gerüst, das meist sogar das Anbinden erspart. Selbst wenn man sie schon frühzeitig aufstellt, sehen diese Bögen ganz unauffällig und natürlich aus.

Von all den Möglichkeiten, der großen Gärtnerin von Sissinghurst durch Nachahmung zu huldigen, ist dies eine zwar bescheidene, aber handfest-praktische und den Gärten jedenfalls bekömmlicher als der angestrengte Versuch, den Weißen Garten nachzubeten.

Der mehrfache Nutzen der Brombeere

Plötzlich wird alles auf einmal reif. Körbe voller Holunderbeeren müssen verarbeitet werden; die Pflaumen haben noch eine angenehme Säure, werden aber von Tag zu Tag süßer; die Kartoffelsäcke füllen sich (leider nicht von selbst); die Möhren werden in der Sandkiste versenkt, damit keine Maden sie benagen — und zu alledem ist auch noch Brombeerzeit.

Die Brombeerhecke sieht aus wie ein Stoffmuster von William Morris — tausend schwarze Sprenkel auf dem Grund der grünen Blätter. Nicht einmal über Nacht darf man die Schüssel mit den gepflückten Beeren stehen lassen, sonst sind sie mit einem feinen, grauen Schimmelrasen überzogen. Und alle, die man zum Ernten einladen könnte, sind im Urlaub.

Man hört immer Gutes über die Erntezeit, und es stimmt ja auch, daß man sich beschenkt fühlt. Aber irgendwie unpraktisch ist das mit den Jahreszeiten ja doch: Erdrückende Fülle, wenn es am wärmsten ist und wenn man eigentlich mit einem Cidre am Teich sitzen möchte, und im Winter kann man dann höchstens ein paar Schlehen pflücken oder mit klammen Händen Topinamburknollen ausgraben.

Also gut, zuerst die Brombeeren. Vielleicht hätten es ja doch nicht gleich zwanzig Meter Hecke sein müssen, zehn hätten auch gereicht, zumal die Hecke ja auf beiden Seiten trägt, also eigentlich vierzig Meter lang ist — und gut zwei Meter hoch, denn wir ziehen sie nicht vorschriftsgemäß an Drahtgerüsten, sondern lassen sie frei wachsen. Da legen sich die neuen Ranken über die alten und bilden einen Wall, dessen Krone mittlerweile schon außer Reichweite ist.

Wenn die Ranken lang genug werden, neigen sie sich in weitem Bogen zur Erde, wo die Triebspitze sogleich ein dickes Büschel weißer Wurzeln aussendet. Wie mit staksendem Schritt sucht die Hecke sich nach beiden Seiten zu verbreitern, doch hindern wir sie daran, indem wir die Absenker noch im Herbst ausroden.

Diese Brombeerbögen galten früher, vor allem in England, als unfehlbares Zaubermittel gegen allerlei Gebresten. Man mußte nur darunterherkriechen, und schon war man seine Furunkel los oder den Husten, und in Sachsen sollte es sogar gegen Ehezwistigkeiten helfen. Ein schönes Bild: daß der stachelige Bogen das Übel gleichsam abkämmt von dem Menschen, der hindurchkriecht.

Gar nicht zauberisch, sondern real lecker sind Brombeermarmelade und Gelee. Auch der Tee aus Brombeerblättern schmeckt weitaus besser, als jene, die ihn noch nicht kennen, vermuten würden — vorausgesetzt, man nimmt zuvor die Mühe des Fermentierens auf sich. Erst dadurch bilden sich nämlich, wie beim schwarzen Tee, die Aromastoffe. Die einfachste Methode besteht darin, daß man die Blätter einen halben Tag welken läßt, dann zwischen den Handflächen rollt und schließlich dichtgepackt in einer Blechbüchse für drei Stunden in den auf fünfzig Grad erwärmten Backofen stellt. Auch die Blätter der Himbeere und der Erdbeere lassen sich auf diese Weise in einen ernst zu nehmenden Abendtee verwandeln.

Vom Wind und vom Dreschen

Früher fütterte man den Wind auf der Fensterbank mit Mehl und Krümeln, die er wegblasen durfte. Auf diese Weise wollte man ihn davon abhalten, das Dach abzudecken. Die Seeleute andererseits, die Wind in den Segeln haben wollten, pflegten ihre Schiffsjungen zu verprügeln, um ihn herbeizulocken. Wir werden es, wenn die Stürme weiter zunehmen, mit dem Füttern versuchen.

Die Gäste auf dem Lindenhof, vor allem jene, die hier übernachten, loben das anheimelnde Rauschen der hohen Pappeln und der beiden Linden. Aber die Linden stehen zu nah am Haus, und die Pappeln sind so hoch, daß auch sie, wenn sie umstürzen würden, das Dach durchschlügen. So klingt uns das Rauschen, wenn es stärker und stärker wird, doch eher drohend in den Ohren, und jetzt gleich, während es noch rauscht, werde ich hinausgehen und die Mispel, die wir im Frühjahr gepflanzt haben, mit einem Pfahl versorgen.

Wir haben aber auch eine Art Abwehrzauber installiert: ein balinesisches Wind-Spiel auf einer hohen Stange, bei dem ein Doppelflügel sich an einer langen Achse dreht;

an der Achse hängen kleine Klöppel, die, wenn das Wind-Spiel in Gang kommt, gegen drei unterschiedlich gestimmte Bambusplättchen geschleudert werden: ein Xylophon also, das je nach der Windstärke entweder wie beiläufig drei, vier einzelne Töne hören läßt — oder aber pausenlos einen Dreiklang absolviert, als eine ununterbrochene Kette von Tönen, die nun, für meine Ohren, weit lieblicher und ungefährlicher klingt als das Rauschen der Pappeln. Mit diesem schönen Bambus-Werk trotze ich dem Wind, nehme ihm das Drohende, zwinge ihn zur Heiterkeit, und vielleicht wird er dann das Dach und die Mispel verschonen.

Er hat ja seine Meriten, der Wind. Niemand anders vermöchte wie er alles Trockene und Welke so sauber auf Haufen zu blasen, alles Halbfeste zu lösen und alle Samen so über den ganzen Garten zu verteilen, daß immer einige an einen Platz verschlagen werden, an dem sie sich wohl genug fühlen, um im Frühjahr zu keimen und uns als Ansässige zu begrüßen, jedes Jahr an einem anderen Ort: die Ringelblumen, der Pastinak, der Borretsch, die Barbarakresse — oder die Rauke. Ihre Blätter riechen (wie sogar die nüchternen Botanikbücher vermelden) eindeutig nach einem angesengten Schweinebraten mit kohlpechrabenschwarzer Kruste, ehrlich gesagt: sie stinken. So etwas pflegen die Evolutionsbiologen als »Fraßschutz« zu deuten. Ich stelle mir also vor, daß die Rauke etwas dagegen hatte, von den Menschen gegessen zu werden, und sich deshalb olfaktorisch tarnte.

Der Trick hat ihr aber nichts genützt: In den Mittelmeerländern, wo sie eigentlich zu Hause ist, ist man ihr schon vor dreitausend Jahren drauf gekommen, daß sie vorzüglich schmeckt, als Gemüse so gut wie als reichliche Zugabe zum Kopfsalat, der mit ihr verglichen geradezu fad erscheint. Die Italiener schätzen die Rauke als »Ruccola«, die Südtiroler essen »Rickelsalat«, und vor zweitausend Jahren, als die Gartenbücher noch in Reimen verfaßt wurden, schrieb der Ackerbauschriftsteller Columella: *Excitat ad venerem tardos maritos*, sie stachelt die trägen Eheleute zur Liebe an! Ein Aphrodisiakum also, ein Liebessalat, ein Leidenschaftsgemüse — aber das kann ja nicht der Grund sein, warum sie in den Gartenbüchern heute nicht mehr vorkommt.

Bei uns wächst sie überall, verbreitet sich wie ein ganz ordinäres Unkraut, so daß immer irgendwo ein paar Pflanzen stehen, von denen man die jungen Blätter ernten kann. Buchtig gezähnt sind diese Blätter, trübgelb die Blüten, die erst von nahem ihre eigenartige Schönheit erkennen lassen: vier löffelförmige Kronblätter, die von feinen violetten Adern durchzogen sind.

Bei vielen anderen Pflanzen dürfen wir uns nicht darauf verlassen, daß der Wind ihre Samen ausstreut, wir müssen vielmehr die Schoten und Kapseln zur rechten Zeit abnehmen, vorsichtig trocknen, dreschen und dann das Saatgut säubern. Mit dieser Arbeit sind wir jetzt gerade fertig geworden, die Samenernte des Herbstes liegt bereit fürs nächste Jahr, von allen Beimengungen gereinigt, die so oft die Ursache von Schimmelbildung beim Keimen sind.

Das Dreschen ist Gefühlssache und geschieht am besten zwischen den Handflächen. Und das Säubern ist wieder ein Wind-Spiel: Wenn die Samen schwer und die Kapselreste leicht sind, braucht man nur in das Gemisch zu blasen und alles Leichte fliegt davon. So ähnlich reinigte man früher das gedroschene Korn — man warf es in die Luft und ließ den Wind die Spreu wegblasen.

Je leichter und kleiner die Samenkörner, um so schwieriger wird es. Dann muß man versuchen, die minimale Differenz im Gewicht dadurch zu nutzen, daß man das Gemisch auf einem Tablett oder einem Papierblatt so lange mit flacher Neigung sanft hin und her schüttelt, bis sich die Samen auf der einen Seite sammeln und die Spreu auf der anderen. Bei manchen wertvollen Samen bleibt einem gar nichts anderes übrig, als mit einem Hölzchen oder einer Pinzette jedes einzelne Korn auszusondern.

Ernten, dreschen, reinigen — das sind uralte Tätigkeiten, nicht umsonst von allerlei abergläubischem Beiwerk umrankt, eine Sequenz im Lebensrhythmus, deren Ritualisierung zugleich auch die Gewähr für das Dauern gibt. Wenn auch wir im Sammeln eigenen Saatgutes nicht nur die mechanischen und aerodynamischen Probleme sehen, die darin stecken, sondern das Bergen eines uns zugewachsenen Gewinns und die Sorge für das Fortdauern, dann haben wir, wieder einmal, wie bei so vielen Arbeiten im Garten, etwas von Wiederkehr und Bewahrung unmittelbar erlebt.

Verkannte Binse

Chinesische Gesundheitstees zeichnen sich dadurch aus, daß ihre Ingredienzen nicht kleingehäckselt sind wie bei unseren Teemischungen, sondern ziemlich unversehrt aus der Tüte kommen. *Sung Shans Children's Medical Tea* zum Beispiel enthält viele verschiedene Blätter, auch Blüten und Samenstände, ferner mehrere, etwas unheimlich wirkende leere Larvenhäute von großen Käfern, bei deren Anblick die Kinder wahrscheinlich auf der Stelle gesund werden, um nicht auch noch einen Aufguß davon trinken zu müssen — und schließlich hübsche, kunstvoll gewickelte Päckchen aus Binsenmark, die auf den ersten Blick aussehen wie Spaghettiknäuel. (Tatsächlich findet man in chinesischen Suppen-kräuter-Tüten genau dieselben Wickelpäckchen aus Reisnu-deln.)

Welche Wirkung das Binsenmark in einem *Medical Tea* hat, weiß ich nicht. In Europa hat man es nie medizinisch verwendet, sondern nur für Lampendochte. Das Mark fühlt sich an wie eine dünne Schnur aus Schaumgummi, und es ist wieder einmal eine typisch ostasiatische Knispelarbeit, von den runden Binsenblättern die grüne Haut so präzise abzuziehen, daß ein sauberer Markstrang übrigbleibt, mit dem Blütenstand am Ende, aus dem zu ersehen ist, daß es sich um die Flatterbinse handelt.

In Gärtnerkreisen heißt es von den Binsen, sie seien »ohne Zierwert«, und man duldet bestenfalls den einen oder anderen Horst als Staffage am Teich. Ich mag die kräftigen, starren Büschel, die sich Jahr für Jahr vergrößern, keinerlei Konkurrenz dulden und auch im Winter grün bleiben. Die Starrheit steht in auffallendem Kontrast zu fast allen anderen Pflanzengestalten und läßt diese in der Nachbarschaft um so besser zur Geltung kommen. Es kann uns doch nur recht sein, wenn dem Auge irgendwo ein graphisch strenges Gegenbild zur malerischen Vielfalt der anderen Gewächse geboten wird, diese lineare Kargheit eines Rasens aus lauter grünen Strichen, die es so akkurat nicht einmal bei den Gräsern gibt.

Manche Binsen sind geradezu die Abstraktion einer Pflanze: Triebe und Blätter ununterscheidbar stielrund, und darüber hinaus nur ein unscheinbares Blütenknäuel, in welchem der Vorgang der Befruchtung sich manchmal klamm-heimlich bei geschlossener Blüte vollzieht. Ein Minimum an Gestalt, dabei kraftvoll und standfest.

Sumpfiger, nasser Boden ist den Binsen recht, aber sie gedeihen auch an anderen Stellen, wenn sie nicht anhaltender Trockenheit ausgesetzt werden. Junge Binsen lassen sich leicht verpflanzen, bei alten Horsten kann es vorkommen, daß man die Spitzhacke zu Hilfe nehmen muß, um die gewaltigen Wurzelballen aus der Erde zu holen.

Es gibt allerdings auch sehr zarte Binsen und insgesamt mehr als zwei Dutzend verschiedene Arten. Einige habe ich schon, alle anderen sind mir willkommen, auch wenn sie »ohne Zierwert« sind und auch wenn wir nicht mehr, wie man das früher tat, Matten und Körbchen daraus flechten oder den Fußboden damit bestreuen.

Und was *Sung Shans Children's Medical Tea* angeht, so haben wir die darin enthaltenen Samen ausgesiebt und werden sehen, ob daraus etwas keimt — und wenn ja, was. Mit der Neugier des Gärtners kommt es nie an ein Ende.

Lange lebt der Kürbiskern

Ich kann ja verstehen, daß die Samenhändler auf ihren bunten Tütchen nicht vermerken, wie lange die Samen keimfähig bleiben. Ihnen ist es lieber, daß wir, vorsichtshalber, in jedem Frühjahr frische Samen kaufen. Aber sie könnten wenigstens dazuschreiben, in welchem Jahr sie abgepackt worden sind. Da sie auch darüber meist schweigen, versieht der kluge Gärtner die Tütchen gleich nach dem Einkauf mit der Jahreszahl, und was nach der Aussaat übrigbleibt, wirft er nicht weg, sondern legt es wieder in den (luftigen!) Vorratskasten zurück.

Sodann greift er nach seinen Gartenbüchern, um nachzuschlagen, welche Samen er nach wievielen Jahren noch mit Aussicht auf Erfolg aussäen kann. Und was findet er in den Gartenbüchern? Nichts. Es scheint nämlich, als hätten sich die Gartenbuchautoren mit den Samenproduzenten verschworen, kein Wort darüber verlauten zu lassen, daß zu allen Wundern der Samenbildung und Keimung auch dieses gehört: daß die oft nur winzigen Körnchen, die den ganzen Bau- und Lebensplan eines Lavendels oder einer Nelke in sich bergen, oft über Jahre hin ihre Lebenskraft bewahren.

Ich schlage den Gartenbüchern wie den Samenhändlern ein kleines Schnippchen und gebe hier, wenigstens für die wichtigsten Sämereien des Küchengartens, die Verfallszeiten bekannt, immer vom Erntejahr an gerechnet:

Die Samen aller Kürbisgewächse (also nicht nur der Kürbisse selbst, sondern auch die der Gurken, Melonen und Zucchini) bleiben fünf bis sechs Jahre lang keimfähig. Kaum weniger lang, nämlich vier bis fünf Jahre, halten es die Samen folgender Pflanzen in der Tüte aus: alle Kohl-Arten, Radieschen, Rettich, Sellerie, − auch Endiviensalat, während die Samen des Kopfsalats nach drei Jahren dahin sind. Drei Jahre überdauern auch die Samen von Möhren, Petersilie und Mangold, und immerhin zwei Jahre bleibt unser Vorrat an Erbsen und Bohnen lebensfähig, ebenso die Samen von Lauch und Zwiebeln und Schwarzwurzeln.

Wer diese Zahlen kennt, kann manche Mark sparen, doch beeile ich mich, gleich hinzuzufügen, daß es *auch* viele

Samen gibt, die man nur in dem auf die Ernte folgenden Jahr aussäen kann (dazu gehören Bohnenkraut und Dill) und daß einige nicht einmal diesen Zeitraum überleben, sondern gleich nach der Reife in die Erde wollen, wo sie dann allerdings keineswegs sofort aufgehen, sondern sich nur stärken für die Keimung im nächsten Frühjahr.

Das ist der Grund, weshalb wir zum Beispiel von der köstlichen Kerbelrübe nirgendwo Samen angeboten bekommen. Ehe ein Samenhändler die kleinen Körner geerntet, eingetütet und verschickt hätte, wären sie schon »taub« geworden. Das ist deshalb besonders schade, weil die Kerbelrübe *(Chaerophyllum bulbosum)* eine daumengroße Wurzel hat, die gekocht oder gebraten eine wahre Delikatesse von kastanienähnlichem Geschmack darstellt. Die Düsseldorfer Gourmets haben es gut: Sie können die Kerbelrüben, wenn auch zu horrenden Preisen, auf dem Markt am Karlplatz kaufen — und vielleicht werden sie auch anderswo noch angeboten.

Wer frische Kerbelrüben findet, kann die Samen selbst gewinnen. Er braucht die Rüben nur einzupflanzen (ganz gleich, zu welcher Jahreszeit er sie kauft) und abzuwarten. Aus den Rübchen erhebt sich eine (der Petersilie nicht unähnliche) Pflanze, blüht im Juli mit weißen Dolden und läßt im September ihre Samen reifen. Dann heißt es: gleich aussäen und vor allem die Stelle gut kennzeichnen, damit man im Frühjahr noch weiß, wo die eigenen Kerbelrüben zu erwarten sind.

Die Beere, die ein Apfel ist

Klappern gehört zum Handwerk, aber in
den Angeboten einer bestimmten Sorte
von Versandgärtnereien klappert es nicht
selten viel zu laut. Im Katalog eines solchen Unternehmens fand ich eine »Welt-

sensation aus den USA« ausgeschrieen, eine »sensationelle
Neuzüchtung«. Aber was sich hinter dem Phantasienamen
»Schwarze Coloradobeere« verbarg, war nichts anderes als
die gute alte Apfelbeere *(Aronia)*, die schon um 1700 aus
Nordamerika nach Europa eingeführt worden ist und mit
Recht als vortreffliche Heckenpflanze und üppig tragendes
Vogelgehölz gilt.

Die Apfelbeere hat ihren Namen von den »Beeren«, die
wie erbsengroße Äpfelchen aussehen und auch im Inneren
so gebaut sind wie Äpfel, mit Fruchtfleisch und Kernge-
häuse. Tatsächlich gehört *Aronia* auch mit Apfel und Birne,
Pflaume und Kirsche und Brombeere zur gleichen Familie
der Rosengewächse.

Im Herbst überrascht uns der Strauch mit wunderschönen Scharlach- und Zinnoberfarben. Ob einzeln stehend
oder in der Hecke — das ist die bestechend schöne Aufführung eines satt leuchtenden Farbenspiels, letzter Akt, nachdem die Apfelbeeren im Mai mit weißen oder blaßrosa Blüten bedeckt waren und im Juli die je nach Sorte oder Art rot-
gelben bis schwarzen Früchte reifen ließen. Sie hängen in
Trauben zusammen, so daß man im Vorbeigehen leicht eine
Handvoll davon abstreifen kann. Die Äpfelchen schmecken
angenehm süßsauer und etwas herb, weil sie, wie alle Rosengewächse, das Süße und Liebliche mit dem Prinzip der
gerbsauren Zusammenziehung verbinden. Wie langweilig

die reine Süße ohne diese Modulation schmeckt, können wir ja an vielen tropischen Früchten ermessen, denen das Herbe abgeht.

Freilich sind die Apfelbeeren ein wenig mehlig, für Kompotte und Marmeladen gleichwohl gut verwendbar. In der Heimat der Apfelbeere pflegten die Indianer alle Früchte dieser Art zwischen zwei Steinen zu zerquetschen; aus der feuchten Masse formten sie kleine Küchlein, trockneten sie an der Sonne und kochten sie im Winter mit Zucker auf. Nichts außer unserer Bequemlichkeit und Verwöhntheit spricht dagegen, daß wir es den Indianern nachmachen — und sei es nur als ethnologisches Spiel, mit dem Gedanken daran, daß es die Indianer (die es nicht spielten, sondern lebten) nicht mehr gibt, weil die Europäer das Recht zu haben glaubten, so unzivilisierte Halbmenschen abzuschaffen: Viel enger als uns bewußt wird, hängt unser Garten mit der Welt und ihrer Geschichte zusammen.

Ein Farnweg

Der große Regen, ohnehin willkommen nach langer Dürre, kam gerade recht, um den Boden zu bereiten für den neuen Farnweg, einen Pfad von dreißig Schritten Länge, zu beiden Seiten bepflanzt mit vielen verschiedenen Arten von Farnen, die jetzt noch etwas einsam aufgereiht stehen, im Laufe der nächsten Jahre aber zu einem Dschungel heranwachsen werden — helles Grün vor dem dunklen Hintergrund der Sträucher, die zugleich den nötigen Schatten spenden.

Der Farnweg ist ein »Lehrpfad«, der uns endlich, in der ständigen vergleichenden Betrachtung, zu besserer Kenntnis der Arten verhelfen soll. Allzu ähnlich sind sich die Farne mit ihren feingegliederten Wedeln und Fiedern. Die Unterschiede können sich dem Formgedächtnis erst einprägen, wenn man die Pflanzen nebeneinander sieht — den Wurmfarn mit den langen, doppelt gefiederten Wedeln; den auf den ersten Blick ganz ähnlichen Frauenfarn; den Adlerfarn, der mannshoch werden kann; den Straußfarn, dessen Wedel sich zu einem schmalen, hohen Trichter ordnen. Und dazu die kleinen Farne, die mit zarten Stielen und manchmal hauchdünnen Blättchen aus Steinspalten oder Holzklüften herauswachsen.

Gegenüber den Blütenpflanzen kommen mir die Farne *stumm* vor und ehrwürdig, was sie ja ihrem Alter nach wirklich sind. In den Sümpfen der Karbonzeit, vor dreihundert Millionen Jahren, wuchsen sie als riesige Bäume neben ebenso großen Bärlapp- und Schachtelhalmarten. Etwas von dieser Urwaldstimmung soll auch der Farnweg vermitteln, mit Hilfe eines verborgenen Zulaufs vom Regenfallrohr des Hauses, der den Boden immer wieder mit Sickerwasser durchfeuchtet.

Das ist eine der großen Freiheiten des Gärtners, die immerwährende Einladung, aus dem Nichts einen Weltausschnitt zu erschaffen, ein Naturstück abzubilden, andeutend nur, aber doch mit wirklichem Leben erfüllt, auch wenn die Größenordnung dem vorhandenen Raum angepaßt werden muß: hier die Skizze des dunklen Karbonwaldes, anderwärts die Erinnerung an einen Uferweg oder ein Zitat vom Südhang eines Kalkberges, ein paar Töne aus dem

Akkord einer Landschaft. Der so oft verspottete Rasen vor der Fichtengruppe ist ja nichts anderes als der Versuch, den Inbegriff der Lichtung darzustellen!

Zweierlei Pilze

Ob der Bovist in diesem Herbst wiederkommt, ist noch ganz ungewiß: Pilze im Garten sind unstete Gäste und wählerisch bis dorthinaus. Man kann sie einladen — aber ob sie kommen und wie lange sie bleiben, das entscheiden sie selbst. Es hängt immer davon ab, ob alle ihre Ansprüche an Boden und Temperatur und Feuchtigkeit auf den Punkt erfüllt sind.

Ganz plötzlich tauchen sie dann irgendwo auf, buchstäblich über Nacht. Lange Zeit, manchmal über Jahre, ist ihr unterirdisches Myzel herangewachsen, hat sich ausgebreitet und gestärkt und schickt nun den Fruchtkörper nach oben, der seine Sporen reifen läßt und damit das weitere Fortkommen betreibt.

Am ehesten können wir dort auf Pilze rechnen, wo wir einen Baumstumpf stehen lassen oder zersägte Stämme im Schatten aufstapeln. Meist kommen dann schon bald die Holzschwämme und andere Spezialisten unter den Pilzen, bemächtigen sich der abgestorbenen Materie und arbeiten sie zu feinem Mulm auf. Auch die dicken Zeitungslagen, mit denen wir hartnäckige Unkrautbestände zu unterdrücken suchen, locken bestimmte Pilze an, zum Beispiel den Blasigen Becherling mit seinen ledrigen Schüsseln.

Es scheint ein ehernes Naturgesetz zu sein, daß die Pilze, die sich freiwillig im Garten einfinden, zu den ungenießbaren gehören — so als wüßten die eßbaren, daß es ihnen an den Kragen geht, wenn sie dem Menschen zu nahe kommen. Die Ausnahmen von dieser Regel sind rar.

Immerhin gibt es den Schopf-Tintling und den Falten-Tintling, die gelegentlich am Fuße eines Komposthaufens aufsprießen. Sie müssen dann schnell geerntet werden, weil sie im Laufe eines einzigen Tages »reif« werden können, was bei ihnen bedeutet, daß sie zu einem tiefschwarzen, tintigen Brei zerfließen. Beide sind eßbar, doch gilt dies für den Falten-Tintling nur unter der Voraussetzung, daß man einen Tag vor der Mahlzeit und einen Tag danach keinen Alkohol zu sich nimmt. Andernfalls drohen Übelkeit und Schwindel — gestorben ist freilich noch niemand daran.

Was aber die nicht eßbaren Pilze angeht, die sich unversehens im Garten einfinden, so haben sie immerhin dies für sich: daß sie schön anzusehen sind. Bizarr und veränderlich ist die Gestalt des Blasigen Becherlings, die eher an tierische Formen erinnert; giftig blau-grün droht der Grünspan-Träuschling, beruhigt sich aber nach wenigen Tagen zu einem harmlosen Graubraun, als habe ihn die Anstrengung des Leuchtens völlig erschöpft; in prächtigem Orange strahlt der Beringte Flämmling, der modernde Obstbaumstümpfe als Nährboden braucht. Das sind nur wenige Beispiele für zahllose überraschende Begegnungen.

Wie die Kobolde sind die Pilze im Garten — und manchmal sind sie auch ein bißchen unheimlich: Erdgeister, vom Toten zehrend und mit dem Gift vertraut, unberechenbar und täuschend, verlockend und gefährlich. Wer die Namen wissen will, braucht Anleitung von erfahrenen Kennern und viel, viel Übung. In manchen Fällen ist die Farbe der Sporen, die zwischen den Lamellen der Hutpilze sitzen, hilfreich für die Bestimmung. Um sie zu ermitteln, muß man den Hut auf einen Papierbogen legen und ein paar Stunden warten. Dann fallen die trockenen Sporen aus und bilden ein zartes Muster auf dem Papier, eine getreue Nachzeichnung der Lamellenfächer; nur wo ein Luftzug die Sporen verweht hat, zerstäuben sie zu einem hingetuschten Schleier.

Schier unglaublich scheint es, daß aus jedem einzelnen Sporenstäubchen wieder ein Myzel erwachsen kann.

Nur dem aufmerksamsten Gärtner geben sich die kleinen Bodenpilze zu erkennen, der Tiegel-Teuerling etwa, dessen Becher große Kolonien bilden. Seine Sporen bewahrt er in rundlichen Kapseln auf, aus deren Anzahl die Bauern früher auf die Höhe der Getreidepreise schlossen.

Gestalten aus einer anderen Welt, aus einer Mondwelt mit bleichem Licht und feuchtem Schatten. Von jeher wurden die Champignons in dunklen Kellern gezüchtet. Auch mit anderen Pilzen stellte man Kulturversuche an, aber die meisten widersetzten sich dem Ansinnen, nach Menschenwunsch zu wachsen. Erst in den letzten dreißig Jahren hat man wenigstens ein paar Arten gefunden, die sich domestizieren ließen: Austernpilz, Braunkappen, Shii-take, Samtfußrübling und Stockschwämmchen.

Das kann die zweite Kategorie von Garten-Pilzen sein, wenn der Gärtner Platz für einen Strohballen oder für ein paar Stammstücke hat. Er ordert die Pilzbrut, impft je nach Pilzart Stroh oder Holz damit und läßt das Myzel den

Untergrund durchwachsen. Eines Tages entfalten sich dann die Pilze wie Blüten, in reichen Schüben. Man muß Gäste einladen, wenn man die üppige Ernte frisch verwerten will.

Die Pilz-Ecke im Garten, von einem Baum beschattet oder unter einem Schuppendach, hat etwas von einer alchemistischen Werkstatt an sich. Hier modert die abgestorbene Pflanzenmaterie vor sich hin, wird nach geheimnisvollen Rezepturen zersetzt und umgewandelt und gebiert schließlich aufberstende, unbändige Gestalten von zartem Duft und Geschmack: Die Erdgeister sind gezähmt, willig liefern sie das Feinste vom Feinen.

Kein Wunder, daß sich an diese Geister und ihre Erzeugnisse viel phantasievoller Aberglaube knüpft. In Schlesien hieß es, eine Pilzmahlzeit zu Weihnachten biete die Gewähr dafür, daß den Essern im folgenden Jahr alle Kleider gut stünden. Nichts spricht dagegen, den Aberglauben einmal auf die Probe zu stellen.

Von Liebe, Tod und Tieren

Wo die Liebe leuchtet

Sternstunde für den Gärtner — wenn er spätabends in den Garten geht und im Gras ein glühendes Glühwürmchen (zoologisch korrekt: einen leuchtenden Leuchtkäfer) findet, den er dann der Gärtnerin noch leuchtend zu Füßen legen kann, nebst einigen passenden Sprüchen: Nicht die Sterne vom Himmel, aber die Glühwürmchen aus dem Garten, und so fort.

Das Informative liefert er erst am nächsten Morgen nach: Es war ein weibliches Glühwürmchen, und weibliche Glühwürmchen sind leicht zu fangen. Sie können nicht fliegen, sondern liegen einfach auf dem Rücken und leuchten drei Stunden lang vor sich hin, wobei sie »mit dem Hinterleib winken« (so steht es bei Jacobs/Renner, Taschenlexikon zur Biologie der Insekten). Daß die Weibchen leuchten, ist verständlich, irgendwie müssen sie sich ja bemerkbar machen. Warum die suchend umherfliegenden Männchen ab und zu ihr Licht anknipsen, weiß man aber nicht. Dafür kennt man die Stoffe, die an diesem »kalten« Leuchten beteiligt sind: d-Luciferin, Luciferase und Adenosintriphosphat. Die Chemie der Liebe ist immer irgendwie ernüchternd (ausgenommen in den ›Wahlverwandtschaften‹).

Der Garten als Balzplatz

Sie habe mit Vergnügen gelesen — schrieb die Garten-Freundin —, daß ich den Pastinak im Garten hätte; in ihrem Garten lebe nämlich die Pastinake, und da könne man doch einmal ausprobieren, was dabei herauskäme, wenn man die beiden zusammenbrächte.

Natürlich war das eine feine Spitze und sollte besagen: ich wüßte wohl nicht, daß die Pastinake weiblichen Geschlechtes sei. Also her mit dem Grimm!

Er gibt als Ursprung das lateinische *pastinaca* — ein klarer Punkt fürs Femininum. Aber dann kommt Unruhe in die Sache: Althochdeutsch heißt es sowohl die *pastinaga* als auch der *pastinac*, mittelhochdeutsch die *pasternacke* und der *pasternack* — und so bleibt es dann bis auf den heutigen Tag mit Palsternak und Pestnache, Pastenach und Pastenei, Pinsternacke und Pastenade, in Leipzig sogar Basternade mit weichem P — und dies alles männlich und weiblich wild durcheinander, himmelschreiende Promiskuität, wollüstige Unordnung.

Die sollen mir recht sein, aber ich bleibe doch beim Pastinak, aus reiner Gewohnheit. Es dürfen sich aber von diesen stattlichen Männern in diesem Jahr nicht mehr so viele emporrecken wie im vorigen Sommer, denn die Wurzel schmeckt, allen naturgärtnerischen Gerüchten zum Trotz, doch weit weniger gut als die Möhre, und fürs Dekorative reichen fünf oder sechs Pflanzen, deren grüngelbe Blütendolden freilich wirklich einmalig sind und übrigens zusammen mit Sonnenblumen in der Vase ein Ereignis, das noch die Welke überdauert. Was aber das Männliche und das Weibliche angeht, so ist der Garten ja von jeher ein Ort ihrer Begegnung gewesen. Längst ehe man im kühlen Abendland die ganze Sinnlichkeit des Gartens auch nur erahnt hatte, wurde sie im Morgenland als immerwährendes Fest begangen — der Garten als Symbol der Frau, als Sinnbild für die Liebe und das Vergnügen daran, und ganz real: der Garten als Ort der Vereinigung, beglaubigt durch die Bibel (Das Hohelied Salomonis, Kapitel 4 — nachlesen und jemandem vorlesen!).

Und später dann die sanfte Widersetzlichkeit, mit der sich die verführerische Idee des Liebes-Gartens auch im christlichen Abendland erhielt, obwohl die Kirche den Garten gern gelegentlich als einen Ort des fleischlichen Sündigens verdächtigte. Der heilige Hieronymus wetterte gegen die zur Lust verführenden Gärten, und von einem Eremiten heißt es, er sei, an der Himmelstür angekommen, auf der Tugendleiter wieder ein paar Stufen hinuntergerutscht, weil er sich noch einmal nach seinem geliebten Gärtchen umgesehen habe. Aber am Niederrhein gab es einen anonymen Kupferstecher, der so viele Liebesgärten gestochen hat, daß er unter dem Namen »Meister der Liebesgärten« in die Kunstgeschichte eingegangen ist, und in der Manessischen Handschrift wird sogar im Garten gebadet, das heißt: ein Herr badet, und drei Damen sorgen sich um ihn.

Bei uns steht kein Badezuber im Garten, aber es stehen dort viele Bänke und Stühle, auf denen sich das männliche Element, der Gärtner, mit dem weiblichen, der Gärtnerin, in Züchten zusammenfindet. Manchmal. Wir haben nämlich zwei Gärten, und jeder arbeitet in seinem. Die Gärtnerin hegt Gemüse und allerlei Blumen, der Gärtner ist für die Botanik zuständig, ob sie eßbar oder schmückend ist oder keins von beidem.

Getrennte Gärten sind der Eintracht mindestens so dienlich wie getrennte Schlafzimmer. Es ist nicht nur wegen der Konflikte, die unweigerlich ausbrechen, wenn zwei im selben Garten tätig sind (und die für gewöhnlich nur dadurch einigermaßen vermieden werden, daß einer für Rasen und Bäume verantwortlich ist und die andere fürs Florale). Nein, es wird nicht nur das Negative vermieden, sondern es wird das Positive überhaupt erst ermöglicht. Zum Beispiel, indem die Gärtnerin hemmungslos ihrer Liebe zu Zinnien frönen kann, für die der Gärtner nichts übrig hat. Oder: indem man sich gegenseitig in den Garten einlädt (mit oder ohne Cappuccino) und vorzeigt, was es Neues gibt. Oder indem man einander zu Hilfe ruft: Wie findest du das?

Entsetzlich, sagt die Gärtnerin, und der Gärtner muß zugeben, daß sie recht hat. Oder umgekehrt.

Oder der Gärtner macht es in seinem Garten wie einer jener Laubenvögel aus Neuguinea, die bekanntlich ihrem Weibchen einen ganzen Lustgarten aus Federn und Steinen und bunten Blumen bereiten und dann in einem aus Zweigen aufgerichteten Laubengang werbend auf und ab stolzieren.

Der Garten als Balzplatz. Eine Schaukel würde dazu noch passen, wegen der Symbolik, und eine Rasenbank, auch sie ein altehrwürdiges Einrichtungsstück des Lustgartens. Hölty: »Hier taumelt er von Ball zu Ball, vergaß der Rasenbank / wo, beim Getön der Nachtigall, sein Mädchen ihn umschlang.«

Am einfachsten ist der Bau einer Rasenbank, wenn es irgendwo im Garten einen Hügel gibt, in den man sie hineinformen kann. Sonst braucht man einen gemauerten oder aus sehr starken Bohlen gefügten Kasten, der mit Erde angefüllt wird. Auf die Sitzfläche sät man Gras oder legt Grassoden darauf, die man aus einem Rasen abgestochen hat. Natürlich muß das Gras auf der Bank gemäht werden, am besten mit einer Heckenschere. Und bei der Bank im Hügel muß man sehen, wie man mit der Rückenlehne zurechtkommt: Entweder wird sie abgeschrägt und ebenfalls eingesät, oder man baut eine Abstützung aus Steinen oder starken Brettern.

Schöner noch als Gras ist ein Bankpolster aus einer niedrigwachsenden Kamillen-Art oder kriechendem Thymian: Wenn man sich darauf niederläßt, umweht einen der Duft dieser Pflanzen.

Ob Gras oder Kräuter: Wenn man aufsteht, ist man hinten grün.

Bilder vom Tod ...

Wir geben unseren Katzen keine Namen mehr. Irgendwann enden sie doch unter einem Auto, und es ist etwas leichter, eine namenlose Katze zu begraben als einen Felix oder eine Trine.

Das ist einer der Punkte, in denen das romantische Bild des arkadischen Lebens im Grünen von der Realität abweicht. (Nur am Rande erwähne ich die Bienen, die der Imker hinten am Zaun aufgestellt hat, weil dort ein Rapsfeld beginnt. Der Raps, eine moderne Neuzüchtung, macht die Bienen aggressiv, sie stürzen sich auf uns und stechen sogleich zu. Aber später bekommen wir drei Gläser Rapshonig.)

Viel tiefer anrührend sind die Bilder des Todes, und die gibt es Tag für Tag. Zum Beispiel, wenn in der Morgendämmerung der Fuchs dagewesen ist und sich eine Gans geholt hat — natürlich diejenige, die immer am wachsamsten und mutigsten war. Oder wenn der Marder das Hühnervolk dezimiert hat. Da liegen dann zerrissene Leiber, abgebissene Köpfe und Flügel unter der Hecke, blutverschmiert.

Natürlich versucht man, den Verlust als eine Art Zehnten abzubuchen, den man »der Natur« schuldig ist. Zur Geflügelhaltung auf dem Lande gehört eben, so sagt man sich, das Einverständnis, ein paar wilde Räuber mit zu ernähren. Aber man lernt auch jenen ohnmächtigen Zorn kennen, der heute als ungehörig gilt, weil er ja mit daran beteiligt war, den Ehrgeiz zu schüren, mit dem die Menschen Herren über die Natur werden wollten und sie schließlich denaturierten. Der Zorn kocht trotzdem. Idyllisch ist das alles nicht.

Unterm Schlitzblättrigen Holunder steht ein großer Blumentopf, der sich über die Jahre hin langsam gefüllt hat — mit weißen Steckschildchen. Das sind Totenzettel, oder, freundlicher gesagt: Visitenkarten von Pflanzen, die im Garten gelebt und sich verabschiedet haben. Ursachen dafür gibt es genug.

Die fünf *Hosta*-Schildchen zum Beispiel erinnern daran, daß die kleine Funkien-Sammlung, kaum gepflanzt, ein Opfer der Schnecken wurde, mit Stumpf und Stiel. Neidisch sehe ich auf prächtigen Photos aus englischen Gärten die riesigen Horste von Funkien im tiefsten Schatten prangen, während ich sie auf die Liste der beim Lindenhof nicht kultivierbaren Pflanzen setzen muß.

Andere Visitenkarten in der Schildchen-Urne klagen den Gärtner an, daß er vergessen hat, die Spritzgurke rechtzeitig ins Winterquartier zu räumen oder die Samen der Spargel-

116

erbse zu ernten und im nächsten Jahr wieder neu auszusäen.

Und dann gibt es natürlich die Pflanzen, für die der Daumen des Gärtners wohl nicht grün genug gewesen ist: Enttäuscht, beleidigt vielleicht, jedenfalls ihres Lebens überdrüssig, haben sie »Ade« gesagt oder »Salü« oder »So nicht« oder was Pflanzen so sagen mögen, wenn sie sich davonmachen.

Die Schildchen im Topf, immerhin, bleiben mir als ein abstrakter Garten der Verlorenen, oder: als Lostrommel, aus der ich Namen ziehen kann, um mich dann auf die Suche zu machen und, wenn schon nicht die Verlorene selbst, dann doch eine so gut wie identische Schwester aufs neue in den Garten einzuladen. Es erweist sich da als Segen, daß es mit der Individualität bei den Pflanzen nicht so weit her ist wie bei den Katzen.

Der Tod ist allgegenwärtig im Garten, und das meiste Fressen und Gefressenwerden bleibt unsichtbar. Selbst die Sonne kann den Tod bringen und hat ihn in den letzten Wochen gebracht. Nicht immer kann man schnell genug verdurstende Pflanzen retten, und bei manchen Gehölzen ist es schon zu spät, wenn die ersten Anzeichen des Sterbens sichtbar werden — das ist die Lehre fürs nächste Jahr.

Daß die trockene Hitze die gleichfalls todbringenden Schnecken zwingt, sich tief in der Erde zu verstecken, wo sie keinen Schaden anrichten können, bleibt ein geringer Trost, weil sie, sobald es regnet, wieder vollzählig aus ihren Löchern kriechen.

Nicht nur die Nacktschnecken, sondern auch die Schnirkelschnecken mit ihren schönen gestreiften Häusern sind dann wieder da — und die Drosseln haben nur drauf gewartet: Den Nacktschnecken tun sie nichts, leider, aber unter den Schnirkelschnecken räumen sie gewaltig auf. Überall sind dann die »Drosselschmieden« zu sehen, die Steine, auf denen sie die Häuser zertrümmern, um die Bewohner zu fressen. Die Reste bieten ein trauriges Bild, weil sie noch als Ruinen die Schönheit des inneren Baus der spiraligen Gehäuse erkennen lassen.

Was aber die Katzen angeht, die immer vom Tod bedroht sind, so bringen sie ihrerseits den Tod, und es ist nicht zu leugnen, daß sie außer den ihnen rechtmäßig zukommenden Mäusen von Zeit zu Zeit auch einen Maulwurf erbeuten oder eine Bachstelze erwischen, die an der Pfütze trinkt. Am bittersten ist es aber, wenn sie am Teich wieder einen kleinen Frosch aufgestöbert haben und sehr lange und nachdenklich mit ihm spielen, bis er nicht mehr hüpft.

Die Bilder des Todes im Garten sind zahlreich. Und die schlichte Weisheit, daß der Tod zum Leben gehört, bewahrt uns nicht vor dem kühlen Anhauch, mildert nur unser Erschrecken.

. . . und vom Weiterleben

Anderthalb Tage lang diskutierten bewanderte Damen und Herren im Bullenstall: über die Morphologie der Wegerichgewächse, über die Pflanzenseele bei Empedokles und über die Leidensfähigkeit der Pflanzen. Über den Köpfen fütterten die Schwalben ihren Nachwuchs, und auf dem Tisch waren sieben verschiedene Wegeriche aus dem Garten versammelt, deren ähnlich-unähnliche Gestalten sich dem Bildgedächtnis einprägten. Gleichsam im Tausch wollten die Gäste dem Garten ein Zeichen ihrer Anwesenheit hinterlassen: einen Baum. Wir dürfen ihn auswählen und sollen ihn im Herbst pflanzen.

Vielleicht wird es ein Sassafrasbaum, der »Fieberbaum« aus den Appalachen, ein Wunder an Düften und Farben. Holz und Rinde und Wurzeln duften nach Nelken und Kampfer mit einer Prise Fenchel, das daraus destillierte Öl wird verwendet, um Seife und Tabak mit einem verführerischen Duft zu versehen. Und die in mehreren Rot- und Orangetönen prunkende Herbstfärbung soll zu den schönsten und längsten gehören, die es überhaupt gibt. Daß schließlich die Blätter ganz unterschiedliche ovale und gelappte Formen vorzeigen, ist gerade das Richtige für die Erinnerung an mehrere sehr verschiedene Menschen.

Der Tagungs-Baum wird nicht das erste Denkmal beim Lindenhof sein: Für den väterlichen Freund Friedrich, der vor fünfzig Jahren die ersten Anstöße zur Beschäftigung mit Gewächsen und Tieren und Steinen gab, wurde eine *Hydrangea aspera* ssp. *sargentiana* gepflanzt, eine Hortensie ohne deutschen Namen. Ihre Blütenteller sind so groß wie Untertassen, die Einzelblüten in der Mitte des Tellers violett, am Rande weiß, und sie schweben über großen, samtig behaarten Blättern. Von allen Hortensien ist diese mir die liebste — und braucht auch die meiste Zuwendung, nämlich üppige Wassergüsse, wenn trockenes Wetter herrscht, und Aufmerksamkeit, wenn späte Fröste drohen.

Dies also ist Friedrichs Strauch — es müssen ja nicht immer Bäume sein, die wir zum Gedenken pflanzen. Im Garten von Freunden gedeiht eine Staude, die, weil ihr richtiger Name abhanden kam, kurzerhand auf den Namen »Frau Melchers« getauft wurde, denn es war Frau Melchers, die den ersten Ableger mitgebracht hatte und nun als freundliche Fee dem Familiengedächtnis erhalten bleibt — freilich nicht so lange und nicht so landesweit wie Miss Wilmott:

Miss Wilmott war eine englische Gärtnerin. Sie hegte

zeit ihres Lebens eine so große Vorliebe für eine bestimmte, silbrig-blaue Art von Mannstreu *(Eryngium)*, daß sie stets Samen davon bei sich trug und in allen fremden Gärten, die sie besuchte, eine Prise ausstreute, heimlich zwar, doch nicht so heimlich, daß man ihr nicht auf die Schliche gekommen wäre. Seitdem nennt man die Pflanze »Miss Wilmott's Ghost«, und wenn ich mir ein Weiterleben wünschen würde, dann ein solches, allerdings nicht im stacheligen Mannstreu, sondern eher als Sassafras mit Düften und Farben.

Eine andere Art des Fortlebens im Garten ist ganz (oder doch fast) anonym und kommt uns deshalb nur selten zu Bewußtsein: All die Mönche, Kaufleute, Kreuzritter, Botaniker und Pflanzenjäger, denen wir den Artenreichtum unserer Gärten verdanken, bleiben namenlos. Wir haben ihrer neulich bei einem sommerlichen Abendessen gedacht. Es gab Dicke Bohnen, mit Bohnenkraut gewürzt, dazu Kartoffeln mit ein paar feingewürfelten Schalotten, in Sonnenblumenöl gebräunt, und zum Nachtisch Erdbeeren. Das war die Welt auf dem Teller:

Die Dicken Bohnen stammen aus Vorderasien. Das Bohnenkraut kommt aus dem Mittelmeerraum und die Kartoffel, wie jedermann weiß, aus Südamerika. Die ölliefernden Sonnenblumen wurden aus dem subtropischen Mittelamerika importiert, die Schalotten von den Kreuzfahrern mit nach Hause gebracht. Und von der Erdbeere gibt es zwar eine in Mitteleuropa einheimische Art, doch wurde sie erst so richtig genießbar, als die Züchter sie mit einer Amerikanerin kreuzten. Aus diesem Bastard entstanden die Sorten mit den großen, saftigen und aromatischen Früchten, an denen wir uns ein paar Wochen lang erfreut haben. Leider ist die Zeit schon wieder vorbei, von Erdbeeren können wir nur noch träumen — was übrigens, wenn es sich denn ereignet, nach einem alten Aberglauben zu bedeuten hat, daß wir viel Geld erwarten dürfen.

Räupchen im Mai

Noch sind die Folgen des späten, trockenen Frostes nicht überstanden, die Rückschläge nicht eingeholt. Das Jahr hat etwas Mühsames an sich, es kommt nicht recht in Gang. Alles braucht etwas länger, und manches ist ganz verloren, die Blüte der Glyzine zum Beispiel und die der Päonien. Selbst die sonst so robuste Sumpfschafgarbe, als Würze für die Hamburger Aalsuppe so unentbehrlich wie als Gartenpflanze unter dem Namen Hemdenknöpfchen heiter zierend, schien einen Frostschock bekommen zu haben; mit welken Spitzen kümmerte sie dahin.

Beim genaueren Hinsehen zeigte sich aber, daß hier ein Tier am Werke war. In den aufgerollten Blättern fanden sich die kleinen olivgrünen Raupen eines Federgeistchens. Im vergangenen Spätsommer hatten diese Kleinschmetterlinge viele Abende lang den Busch der Sumpfschafgarbe umtanzt, hatten sich zur Paarung darauf niedergelassen und dann ihre Eier abgelegt, aus denen jetzt die Räupchen gekrochen waren.

Nun sind die Federgeistchen die einzigen Schmetterlinge, die die Gabe haben, ihre Vorderflügel quer zum Körper ganz schmal zusammenzufalten und in dieser Tasche ihre federig gebauten Hinterflügel zu bergen. Wegen dieser absonderlichen und einmaligen Fähigkeit (und wegen ihres anheimelnden Namens) haben die Federgeistchen seit vielen Jahren meine besondere Zuneigung. Undenkbar, die Brut von grob geschätzt dreihundert Federgeistchen auszutilgen.

Es war nicht leicht, dem Zerstörungswerk der gefräßigen Raupen tatenlos zuzusehen, tröstlich allein der Gedanke an das Überleben der Federgeistchen und, ganz allgemein gesehen, der Gedanke daran, daß wir in solchen Fällen eine Art Tribut zahlen, einen Obolus an die Gartengenossen. Wir sind ja nicht allein, und gegen die Arroganz, mit der wir darüber befinden, was wir dulden wollen und was nicht, hilft am besten: daß wir die anderen gewähren lassen und dabei oft genug sehen, daß der Schaden, den die »Schädlinge« anrichten, gar nicht so erheblich ist.

Die Sumpfschafgarbe jedenfalls zeigte sich ziemlich unbeeindruckt. Sie überließ die ersten Triebe den Raupen und erzeugte gleich daneben zarte neue. Die Sache regelte sich zwischen der Schafgarbe und den Federgeistchen ganz von selbst, und vom Gärtner ist nichts anderes gefordert, als daß er die Geduld aufbringt, gelassen abzuwarten, aber so aufmerksam zu bleiben, daß er den Moment des etwa doch nötigen Eingreifens nicht verpaßt. Wie im richtigen Leben.

Streit um den Teich

Am Teich gibt es richtige Arbeit. Der Wasser-Knöterich (*Polygonum amphibium*), einst wegen seiner enormen Wuchskraft an das noch öde Ufer gepflanzt, hat die gesamte Ostküste besetzt und greift schon nach Süden aus. Er muß rigoros dezimiert werden, und das bedeutet: ganze Schubkarrenladungen der verknäulten, dicken Unterwassertriebe an Land zu ziehen und daraus einen gesonderten, streng bewachten

Komposthaufen aufzuschichten; denn weil der Wasserknöterich gar nicht weiß, daß er Wasserknöterich heißt, wächst er zu Lande genauso gut und kann dann leicht eine Plage werden.

Am Westrand des Teiches sind Gräser weit ins Wasser hineingewachsen, bilden mit ihren Wurzeln riesige schwimmende Ballen und demonstrieren uns, daß der Teich, so wie wir ihn haben wollen, ein künstliches Gebilde ist. Wenn wir nicht ständig eingreifen, versuchen viele Sumpfpflanzen und manche Landpflanzen ihn zu erobern und Festland daraus zu machen. Immer muß der Teichgärtner auf der Hut sein und diesen ganz natürlichen Vorgang unterbrechen, wenn er sein menschliches Teichkonzept retten will.

Das ist, wenn schon kein Kampf, so doch ein kleiner Streit, und er spielt nicht nur zwischen Menschen und Pflanzen, sondern auch zwischen Menschen und Tieren. Die Spitze Schlammschnecke zum Beispiel, vor der uns keines der klugen Gartenteich-Bücher warnt, frißt angeblich nur Algen, macht sich aber in Wahrheit mit Genuß über unsere zartesten Sumpfpflanzen her, und wenn die alle sind, auch über die weniger zarten. Man wird die Schlammschnecke nie wieder los und kann sich vor ihr nur schützen, indem man von Anfang an alle Wasserpflanzen vier Wochen in Quarantäne hält und ganz penibel alle Schnecken abnimmt, die sich etwa zeigen.

Und erst die Enten! Vom letzten Tag der Knöterich-Kampagne war ein kleiner Haufen von Stengeln und Blättern am Teichufer liegengeblieben. Am Morgen entdeckte ihn ein Entenpaar auf der Suche nach einem Nistplatz, ließ sich dort nieder, zupfte die Knöterich-Schnüre ein bißchen zurecht — und inzwischen brütet die Ente, während der Erpel Wache schiebt und das Nest zur Landseite hin absichert.

Also wird der Weg um den Teich gesperrt, der Sitzplatz am Wasser bleibt einstweilen unbenutzt, und wenn die Enten — und vielleicht auch noch ihre Nachkommen — hier wohnen bleiben, dann muß ein zweiter Teich gebaut werden. Denn wo Enten weiden, da reduziert sich die Botanik sehr schnell auf dasjenige, was Enten verschmähen — und das ist nicht viel. Wahrscheinlich bleibt allein der Wasserknöterich am Leben: So schnell, wie er wächst, können selbst Enten nicht fressen.

Die sensiblen Orlows

Die Orlows waren grobe Grafen, ja, sie wurden überhaupt erst zu Grafen gemacht, weil sie so grob waren. Vor allem Grigorij und Alexej halfen der Großfürstin Katharina beim Sturze ihres Gatten, des Zaren Peter III., wobei es Alexej war, der den armen Peter eigenhändig erdrosselte. Grigorij, dem die derart zur Zarin gewordene Katharina zeitweise so zugetan war, daß daraus die Familie der Grafen Bobrinskij entsprang, schenkte ihr den nach ihm benannten Orlow-Brillanten, betrug sich aber sonst ziemlich rüde, so daß Katharina ihm schließlich den Fürsten Potemkin vorzog.

Unsere Orlows sind nicht rüde, sondern zutraulich und sensibel. Unbegreiflich, wie man überhaupt darauf verfallen konnte, diese schöne Hühner-

124

rasse, die im Jahre 1910 aus Moskau nach Deutschland gekommen ist, auf den Namen Orlow zu taufen.

Die Orlows haben es meist sehr eilig, rennen auf hohen Beinen unmäßig viel und gehen deshalb früher schlafen als andere Hühner. Ihren Hals tragen sie hoch aufgerichtet, ihr Gefieder ist mahagonifarben mit weißen Sprenkeln, und die länglichen Eier haben etwas Elegantes. Selbst der Hahn ist durch und durch friedfertig, im Gegensatz zu unserem rassemäßig undefinierbaren Landhuhn-Hahn, der jede Gelegenheit nutzt, uns anzugreifen, am liebsten aus dem Hinterhalt. Seit ich einen kleinen Jungen kenne, dem der Hahn ein tiefes Loch in die Backe gepickt hat, kann ich aggressive Hähne nicht mehr komisch finden, sondern versuche mich mittels eines Haselsteckens in der Hackordnung nach oben zu arbeiten, bisher ohne Erfolg — er weiß ja nicht, daß er, wenn es mir zu dumm wird, dem Orlow-Hahn weichen muß, so wie einst der Orlow dem Potemkin.

Hühner gehören zum Landleben. Erstens natürlich wegen der unübertrefflichen Eier, die nicht nur zum Selberessen taugen, sondern auch ein beliebtes Gastgeschenk sind. Und zweitens wegen der Töne, mit denen sie die Gartenarbeit begleiten: Die Hennen gackern, die Hähne krähen und bekommen von weither Antwort. Am schönsten sind aber die Geräusche, die sie abends machen, wenn sie schon auf der Stange sitzen und merken, daß man kommt, um den Stall zu schließen: Dann gurren und reden sie wie im Halbschlaf, wahrscheinlich von Würmern und Körnern, und es hört sich sehr rührend an.

Die feingedrehten Kothäufchen der Regenwürmer sind allgemein bekannt und als Zeichen der Anwesenheit dieser Nachtarbeiter gern gesehen. Auch Blätterbüschel, die tütenförmig halb in den Boden gezogen sind, künden von ihrer Tätigkeit.

Es gibt aber noch ein drittes Lebenszeichen der Regenwürmer, und das wird leicht übersehen. Ich fand es zum ersten Mal auf einem Beet, das der Neupflanzung von Christrosen harrte. Von dem Kalkschotter, mit dem ich den Untergrund angereichert hatte, lagen viele kleine Brocken auch an der Erdoberfläche. Und diese Brocken wurden nun, über Nacht, wie von Geisterhand zu ordentlichen rundlichen Häufchen zusammengeschoben. Als Regenwurm-Bauten waren sie daran zu erkennen, daß zwischen den Steinbröckchen Blätter, Stengel und (bemerkenswert dicke) Zweigstücke staken, dies alles zentriert auf einen Punkt — das Ausgangsloch einer Regenwurmhöhle.

Seit ich diese Steinhäufchen kenne, sehe ich sie immer wieder, in meinem Garten und in fremden Gärten. Das heißt: Es gibt sie offenbar immer und überall, aber der Blick geht darüber hinweg. Man sollte also, wenn die Regenwürmer tätig werden, an ein paar freien Stellen Kalkbröckchen und groben Ziegelgrus auslegen, ganz gleichmäßig, und jeden Morgen nachsehen, ob sich ein Regenwurm über Nacht daraus eine »Burg« gebaut hat.

Wahrscheinlich handelt es sich nämlich bei den rundlichen Haufen um burgähnliche Bauten, die dem Schutz vor Feinden und anderer Unbill dienen: Unter den Steinen bleibt der Wurm für Vögel unerreichbar, das Eingangsloch der Höhle ist geschützt vor der Verschlämmung durch Regen, und die Luft hat stets freien Zutritt.

Staunend hocken wir vor der kleinen Zitadelle: Sie ist das Werk eines Blinden, der dennoch imstande ist, die Umgebung des Eingangsloches systematisch nach Steinen passender Größe abzusuchen, sie mit seinem Körper zu transportieren und dabei die Entfernungen, die räumlichen Verhältnisse und den jeweils erreichten Stand der Arbeit so genau zu erfühlen (und das Erfühlte irgendwie zu »verrechnen«), daß sich schließlich ein hinreichend geordnetes, statisch ausgewogenes Haufwerk über der Höhlenöffnung türmt.

Geduldige Beobachter, womöglich Fotografen, sind aufgefordert, den nächtlichen Bemühungen des Regenwurms nachzuspüren und uns zu schildern, in welcher Reihenfolge sie ablaufen, wie die Steine gewählt und wie sie verfrachtet werden, wie lange das alles dauert und wieviel vom fertigen Ganzen schließlich dem Zufall zuzuschreiben ist, wieviel einer zielbewußt verfolgten Planung. Wer nicht stundenlang bei Nacht mit einer blauen Lampe draußen ausharren will, mag es mit einer Erdkiste im Keller versuchen, auch im Winter, denn der Regenwurm arbeitet weiter, solange der Boden nicht gefroren ist.

Wir wollen zechen bei der Glut

Es ist immer dasselbe: Man mag nicht wahrhaben, daß der Winter vor der Tür steht. Über den letzten Herbstastern taumelt ein Admiral, die Mispel blüht zum zweiten Mal, man hofft auf einen Aufschub, auf drei, vier warme Tage — aber schon morgen kann alles vorbei sein, die Mispelblüten braun und leblos, der Admiral retiriert, vielleicht versucht er im Schuppen zu überwintern statt in mittelmeerischen Gefilden, wohin er längst geflogen sein müßte.

Ein paar Vorräte können wir mitnehmen in den Winter — und ein paar Düfte. Zum Beispiel das getrocknete Mariengras, das uns süßen Heuduft schenkt und die Erinnerung an warme, windstille Tage im Spätsommer. Früher nannte man das wohlriechende Gras »Mariae Bettstroh«, heutzutage wird es in Polen dem berühmten Wodka Zubrovka beigefügt, was weniger ein Zeichen für den Verfall der Sitten ist als vielmehr eines für die Vielseitigkeit mancher Nutzpflanzen.

So wie auch die Blätter von *Lippia triphylla*, die wir jetzt ernten müssen, einerseits für Parfums verwendet werden, andererseits als Mittel gegen Blähungen, und drittens, bei den Franzosen, als erfrischender *Verveine*-Tee. Die kleinen Sträucher, die in sanfterem Klima über zehn Meter hoch werden, haben den Sommer im Garten verbracht, sind wieder einmal nicht zur Blüte gekommen und müssen jetzt ins Haus, wo sie entweder trocken und scheintot überwintern oder, wenn wir sie gießen, nach einer kurzen Ruhepause hektisch zu treiben beginnen, was aber dem süßen Zitronenaroma ihrer Blätter kaum Abbruch tut.

Vor hundert Jahren war dieser »Zitronenstrauch« eine beliebte Zimmerpflanze, heute ist es schwer, sie überhaupt zu beschaffen: Die Moden ändern sich. Wenn sich doch die Weihnachtsblumen-Mode änderte, wenn doch anstelle von Millionen elender, chemisch gestauchter sogenannter Weihnachtssterne Millionen zartduftender Lippias verschenkt würden!

Auch der Oleander muß nach drinnen, und die Duftpelargonien, und der Rosmarin ...
Gern verschiebt man das Töpfeschleppen und meint, es hätte noch Zeit, und dann muß alles innerhalb von ein paar Stunden
geschehen. Dabei sind die Kamelien so schwer geworden, daß einer allein sie gar nicht zu heben vermag. Jetzt könnte man Helfer brauchen.

Also müßte man ein Spätherbstfest anberaumen und dann so streng verfahren wie vor hundertfünfzig Jahren der Freiherr von Haxthausen, ein westfälischer Querdenker, Märchensammler, Agrarpolitiker, Zarenberater, Wiederbegründer des Malteserordens et cetera et cetera. Wenn er, was häufig vorkam, auf sein Schloß Thienhausen einlud, dann mußten die Gäste die Ärmel hochkrempeln und mit Hacke und Spaten im Garten arbeiten, ehe sie etwas zu essen bekamen, und der Hausherr — schreibt Lulu von Strauß und Torney — »wachte streng darüber, daß keiner sich dieser Pflicht entzog«.

So weit haben wir es mit unseren Gästen noch nicht gebracht. Dafür bringen sie uns Maronen mit, die wir im eigenen Garten nicht haben. Und was für Maronen!

Die teuflisch bestachelten Fruchthüllen sind größer als Tennisbälle, und wenn sie kreuzweise aufspringen, kommen zwei oder drei entsprechend riesige Früchte zum Vorschein.

Im einstigen Bullenstall wird das Feuer im Kaminofen entfacht und die Pfanne mit den Kastanien auf die Glut gesetzt. Manchmal werden sie nicht ganz gar, manchmal verkohlen sie auch, aber es ist immer ein Fest. »Wir wollen zechen bei der Glut / Darzu sind Kitten und Kästen gut«, reimte schon Fischart, wobei die »Kästen« die Kastanien sind, und die »Kitten« sind Quitten. Was das Zechen angeht, so verdanken wir den Wein, den man zu den Kastanien trinken kann, ebenso den Römern wie die Früchte selbst. Beides haben sie uns mitgebracht. Es stimmt aber nicht, daß die Eßkastanie nur im Weinbauklima gedeiht. Es gibt mächtige Exemplare weit darüber hinaus.

Die gekauften Maronen sind meistens schon etwas eingetrocknet und werden dann über der Glut nicht gar, sondern einfach nur hart. Das kann man nur vermeiden, indem man entweder die Früchte eine Nacht lang in Wasser legt, damit sie wieder etwas Feuchtigkeit aufnehmen, die sie zum Garen brauchen − oder indem man einen eigenen Baum pflanzt.

Freilich muß man dann ein paar Jahre auf die ersten Maronen warten. Um die Zeit abzukürzen, sollte man die Kosten für einen etwas größeren Baum nicht scheuen und vor allem darauf bestehen, daß man eine der großfrüchtigen Sorten geliefert bekommt.

Niemals sollte man versuchen, den eigenen Baum aus dem Samen selbst zu ziehen − man weiß nie, was dabei herauskommt, und wenn man es merkt, ist man schon wieder zehn Jahre älter.

Auch die Kastanie ist vielseitig nutzbar: In Südeuropa waren die Maronen ein Teil der alltäglichen Ernährung, in anderen Ländern wurden sie zur Delikatesse, die Engländer machten Suppe daraus und natürlich einen »Pudding«; man stopft sie dem Geflügel in den Bauch, bevor es in die Bratröhre geschoben wird, man benutzte Kastanienmehl zum Stärken von Leinen, und in Frankreich erfand man die *marrons glacés*, kandierte Maronen, und ein Maronenpüree fürs Dessert. Das Holz war für viele Zwecke sehr begehrt, und die Blätter, im Spätsommer geerntet, galten als wirksames Mittel gegen Keuchhusten.

Wir werden eine Kastanie pflanzen und werden versuchen, die Sorte Numbo zu bekommen. Sie hat die größten Früchte.

Die Farben der Welke

Der hiesige Heimatverein besucht unsere amerikanische Partnerstadt und freut sich auf den »Indian Summer«, diese gewaltige, weite Flächen illuminierende Eruption glühender Herbstfarben — während wir im Bullenstall manchmal vor dem Kaminofen sitzen, um uns aufzuwärmen. Die Reise der Heimatfreunde zum Indian Summer hat mit unserem Kaminfeuer mehr zu tun, als man auf Anhieb meinen möchte:

Wir sind durch eine Verordnung über den Betrieb von Kaminöfen dazu vergattert, nur bei sogenannten »besonderen Gelegenheiten« (Hochzeit? Sankt Martin? Führerschein?) ein Feuerchen zu entfachen, auf daß die Erdatmosphäre nicht unnötig mit Kohlendioxid belastet werde.

Aber kein Mensch fragt danach, ob es im Hinblick auf die Erdatmosphäre sinnvoll und vertretbar ist, daß dreißig Heimatvereinsmitglieder zum Indian Summer in die USA jetten, wobei sie pro Person so viel Kerosin verfeuern, als wären sie, jeder für sich, zehntausend Kilometer mit dem Auto gefahren.

Das ist ja nicht der einzige Fall, in dem mit guten Gründen das ganz Einfache, das Hergebrachte und Mindeste reglementiert wird, während das große Unfugmachen fröhlich weitergeht. Die Gebühren für die Einleitung giftiger Abwässer in Flüsse werden herabgesetzt, um den Kommerz nicht zu genieren, aber *wir* zahlen neuerdings eine jährliche Gebühr für die gnädig gewährte Erlaubnis, das von den Dächern des Lindenhofes ablaufende Regenwasser in unserem Garten versickern zu lassen. Regen ist nämlich im Sinne des Abwassergesetzes keine schicksalhafte Erscheinung, für die der Gesetzgeber, wenn er denn der Dankbarkeit fähig wäre, dankbar sein müßte, sondern Regen ist, sobald er vom Dach tropft, ein »Stoff«, den wir als Dachbesitzer in das Grundwasser »einleiten« — und das ist genehmigungspflichtig.

Nicht auszudenken, was denn wäre, wenn man uns die Genehmigung entzöge. Wir müßten den lieben Gott bitten, es nicht mehr regnen zu lassen. Also zahlen wir die Gebühr, setzen uns vor den lodernden Kamin, den wir eigens aus diesem besonderen Anlaß angezündet haben, und bitten die Feuergeister, dafür zu sorgen, daß der Herr Gesetzgeber gar niemals erfahren möge, welch große Mengen von Kohlendioxid in einem Komposthaufen erzeugt werden; denn wenn er das spitz kriegt, verbietet er entweder den Betrieb von Komposthaufen oder nimmt auch dafür eine Gebühr.

Aber der Heimatverein fliegt in den Indian Summer. Was diesen betrifft, so will ich gern glauben, daß er atemberaubend ist. Trotzdem fliegen wir nicht hin, sondern begnügen uns mit den eigenen Herbstfarben — und das sind nicht nur die der Bäume. Schon bevor der Gingko seine Blätter schwefelgelb färbt und die Aronien sich mit einer ganzen Skala von Rot- und Orangetönen schmücken, verwandeln sich die Himbeerblätter in dreifarbige Holzschnitte mit scharf konturierter rot-grün-gelber Zeichnung, und die Blätter der längst verblühten Sonnenblumen legen strichweise das schwärzeste Schwarz auf, mit dem sie ihr baldiges Ableben ankündigen. All diese Farbmuster sind die sichtbaren Zeichen des Abbaus der Blattfarbstoffe, des geordneten Rückzugs der Lebensmaterie in die Wurzeln, in denen sie für den Aufbau im nächsten Jahr gespeichert wird.

Vergebens der Versuch, die Momente dieses Ablaufs archivalisch festzuhalten, indem man die Blätter preßt und trocknet: Alles Leuchtende ermattet, und manchmal bleibt nur ein schmutziges Braun übrig. Also müssen wir Tag für Tag in den Garten hinaus, um die Verwandlung wahrzunehmen, nicht nur mit den Augen, sondern auch mit dem Tastsinn, der uns deutlich macht, wie mit dem strahlenden Erglühen das Erschlaffen einhergeht. Aufleuchten und Vergehen in einem, Winterzeichen.

Bevor die Fröste kommen

Das gelbe Pappellaub hat sich als flache Decke über den ganzen Garten gebreitet, hängt im Gesträuch, und darüber leuchten allerletzte Rosen und eine ganz unzeitige Rittersporblüte.

Nicht überall dürfen die Blätter liegenbleiben: Sie pappen zusammen und ersticken dann jene Pflanzenwesen, die den Winter als Rosette oder als Polster überdauern. Also muß der Hügel mit den weißberandeten Steinbrech-Arten freigelegt werden, auch der Thymian und die Madonnenlilie, eine der beiden Lilien, deren Grundblätter im Winter weitergrünen, während all ihre Schwestern tief im Boden schlafen.

Auch sonst gibt es genug Arbeit für die nächsten Wochen und Monate, für welche uns die Gartenkalender meist nicht mehr als den Gehölzschnitt und das Einölen der Heckenschere anzubieten haben. In Wahrheit reichen die kurzen Tage kaum aus, um alles zu bewältigen, was wir uns vorgenommen haben, vor allem: das Umpflanzen. Nicht nur Gehölze, auch die Stauden sind jetzt ganz unempfindlich gegen das Versetzen, und wenn wir die (vorsorglich schon im Laufe des Sommers geführte) Liste der nötigen Umsiedlungen bei frostfreiem Wetter abarbeiten, dann haben wir fürs Frühjahr wertvolle Zeit gewonnen. Die Pflanzen merken nichts davon, sie wachen einfach an einer anderen Stelle auf und werden sich um so weniger gestört fühlen, als sie es künftig besser haben.

Der Safrankrokus, der uns in diesem Jahr nur eine bescheidene Ernte geliefert hat, soll einen sonnigeren, wärmeren Platz bekommen, damit er freudiger und früher blüht. Der Alant, zu einem imposanten Busch herangewachsen, braucht einen Ort, an dem er seine mächtigen Blätter frei entfalten kann und an dem seine Wurzeln rundherum zugänglich sind, damit wir immer wieder ein paar Stücke davon abstechen können, um sie zu trocknen und dann darauf zu kauen, wenn uns Husten und Heiserkeit befallen.

Die unermüdliche Färberkamille *(Anthemis tinctoria)*, die selbst jetzt noch weiterblüht, gehört an einen anderen Ort,

134

damit ihr warmes Gelb nicht mehr mit dem schweflig en der Nachtkerze konkurrieren muß. Und der Fenchel! Er bekommt ein ganzes Revier für sich, das dann den Hintergrund abgibt für die violetten Blütenkerzen des Blutweiderichs am Teichrand.

In deutschen Gärten findet sich fast nur der einjährige *Gemüse*fenchel, dem man fleischige, gestauchte Blätter anerzogen hat; wenn sie dick genug geworden sind, ist es um ihn geschehen. Der *Gewürz*fenchel hingegen ist ausdauernd. Ihn haben nur die Engländer als eindrucksvolle Gartenstaude voll anerkannt und auch eine kupferfarben überhauchte Variation davon gezüchtet.

Im Frühjahr treibt der Fenchel federiges Grün, und von den jungen Trieben kann, wer über einen größeren Bestand verfügt, ein paar Händevoll als zartes Gemüse abschneiden. (Ich stelle mir eine im Backofen sanft gegarte Scholle vor, die von einem Wall von Fenchelgrün umgeben ist.) Später setzt der Fenchel ein Stockwerk der fädigen Blattwedel übers andere, es entsteht ein dichter Dschungel aus schlanken Stämmen und verwobenem Laub, zuletzt bekrönt von vielen gelblichen Blütendolden. Von Jahr zu Jahr wird die Gestalt mächtiger, ohne an Grazie zu verlieren.

Die Blätter sind eine feine, dem Dill ähnliche Würze für Salate und Fisch, die halbreifen Blütendolden für eingelegte Gurken, und die reifen Früchte ergeben einen Tee, der sowohl einen rauhen Rachen als auch einen Blähbauch kurieren kann. Die Früchte reifen spät, um so mehr muß man auf der Hut sein, sie zu ernten, ehe sie im feuchten Herbstwetter muffig werden.

Die letzte Vorstellung, die der Fenchel gibt, sind seine im November gilbend erschlaffenden Blätter — nur eines von vielen Beispielen für die eigentümliche Schönheit der Welke. Schon aufgebraucht ist die Walnußernte: Die Mäuse hatten sich eilig bedient, für uns blieb nur ein bescheidener Rest. Die Mäuse sind es wohl auch, die dafür sorgen, daß immer wieder einmal irgendwo im Garten ein Walnuß-Sämling auftaucht, zwei Handbreit hoch, aber schon mit einer ellenlangen und überaus kräftigen Pfahlwurzel. Leider kann man bei diesen Sämlingen nie sicher sein, ob sie gute oder nur kümmerliche Früchte tragen werden. Wer einen Walnußbaum haben will, sollte deshalb in einer Baumschule eine verläßliche Veredlung kaufen, damit die Wartezeit sich lohnt: Zehn, zwölf Jahre und mehr kann es dauern, bis die ersten Nüsse reifen.

Natürlich ist es schön, die Walnüsse im eigenen Garten zu ernten. Aber Vorsicht ist geboten: Der Walnußbaum wird groß und breit, und wo seine Blätter zu Boden fallen und verrotten, ist wenig anderes Pflanzenleben möglich.

Dafür hat einer unserer Walnußbäume ein reiches Innenleben. In seinem tief ausgehöhlten Stamm hat sich feiner Mulm gesammelt und wird von zahllosen Tieren, die darin wohnen, immer noch weiter aufgearbeitet — von Asseln und Käfern und Larven und Würmern. Im Gedenken an die alten Gärtner haben wir ein paar Händevoll davon durchgesiebt und Stecklinge darin kultiviert — so machte man das früher, als die Gärtner ihre Erden noch selbst mischten und nicht in Plastiksäcken von der Erdfabrik bezogen.

Und zu Weihnachten werden wir es mit dem alten Brauch versuchen, die Bäume mit Stöcken zu schlagen, damit sie im kommenden Jahr eine gute Ernte bringen. Versteht sich, daß wir nur ganz sanft schlagen werden, um das Fruchtholz nicht zu schädigen. Das Zeremoniell diente wohl nicht dazu, totes Holz auszumerzen, sondern war eher eine verschärfte Form des Handauflegens. Wir werden sehen, ob es hilft.

Von Wurzeln und Hufeisen

Eine der Neuentdeckungen dieses Jahres war der Ananas-Salbei *(Salvia rutilans)*, ein Fremdling aus Mexiko, der wirklich zum Hineinbeißen nach Ananas duftet und kein bißchen nach Salbei. Über den Sommer hin wächst er zu einem stattlichen, frischgrünen Busch heran, und erst Ende Oktober schiebt er ganz schnell — als hätte er das vergessen und müßte sich nun beeilen — viele schmale Blütenrispen mit verblüffend zinnoberroten Blüten hervor.

Der Ananas-Salbei stammt aus Mexiko und fällt bei uns schon den ersten Nachtfrösten zum Opfer. Es gibt aber eine einfache und sehenswerte Methode, ihn über den Winter zu bringen: Man schneidet ein paar Stecklinge ab — ach was, am besten ganze Sträuße! — und läßt sich überraschen von der Bereitwilligkeit, mit der die Triebe in der Vase binnen weniger Tage ein überreiches Wurzelwerk entwickeln, während sie zugleich weiterwachsen und bei der leisesten Berührung ihren Ananasduft verströmen. Später kann man sie in Töpfe pflanzen und bis zum nächsten Frühjahr am Fensterbrett halten. Je mehr man sie beschneidet und die Blätter als fruchtiges Gewürz verwendet, um so dichter wird der Busch.

Ein ganzes Glas voll weißer, dünner Wurzeln, verschlungener Schnüre, gleichförmig nackter Würmer, blind suchend, noch nicht zur Gestalt erwacht — das ist das Vegetative an sich, das abstrakte Prinzip, faßbar sich darstellend in unbändiger Fülle. »Freudig« wurzelt der Ananas-Salbei, würde der Gärtner sagen. Aber man denkt auch daran, daß Eile und Fülle ein Zeichen für Verzweiflung sein können.

Sind das unerlaubte Anthropomorphismen? Sie sind es jedenfalls so lange nicht, wie wir uns, diesseits aller Mystizismen, damit begnügen, die Ähnlichkeit der Lebensgesten als eine Entsprechung wahrzunehmen, die überhaupt nichts daran ändert, daß eine Pflanze eine Pflanze ist und kein Mensch.

Die Fähigkeit zur Wurzelbildung aus Trieben oder gar aus Blättern ist ganz unterschiedlich über die Pflanzengattungen verteilt: Manche Arten brauchen nur die Nähe des Wassers zu spüren, um sogleich mit Wurzeln darauf zu antworten, andere sind nicht einmal mit hormonellen Stimulanzien dazu zu bewegen.

In Goethes Metamorphose der Pflanzen, diesem schönen Bild der Entfaltung einer Gestalt, wird die Wurzel nicht einmal höflichkeitshalber erwähnt. Die Wurzeln sind immer Nebensache geblieben, kaum je wurde ihre Formensprache gehört, am ehesten noch von den Psychologen, die das Gelingen oder Verfehlen der Verwurzelung aus Testzeichnungen herauslesen (und damit das Anthropomorphe deutend nutzen).

Merkwürdig auch, daß die Wurzeln, die ja durch ihre Verborgenheit in der Erde etwas Geheimnisvolles haben, so selten zum Gegenstand des Aberglaubens geworden sind. Immerhin hat man der Alraunwurzel sehr weitgehende Wirkungen zugeschrieben, und schon Plinius empfahl, den Kindern die Wurzel der Schwertlilie um den Hals zu hängen, um ihnen das Zahnen zu erleichtern.

Mit der Abschaffung des Aberglaubens − nicht nur des Glaubens an Alraune und Iris − sind außer viel blankem Unsinn auch schöne Phantasie und Bilderdenken verlorengegangen. Es wird viel zu wenig abergeglaubt. Gerade zu Neujahr wäre wieder einiges fällig, wozu die Leute früher, unverkabelt, wie sie waren, noch Zeit und Lust hatten:

Zum Beispiel dazu, Buchsbaumblättchen abzuzupfen, die Namen der Familienmitglieder darauf zu schreiben und sie am Silvesterabend in eine Schale mit Wasser zu geben. Wessen Blättchen am Neujahrsmorgen frisch und grün war, der würde gut übers Jahr kommen, während ein welkes Blatt auf Krankheit und Tod hinwies. Da aber ein Buchsbaumblättchen selbst ohne Wasser Wochen braucht, um zu welken, so konnten alle das neue Jahr getrost beginnen. Wer sich von so etwas nicht wenigstens probeweise erst einmal ermuntern läßt, hat selber schuld.

Lieber nicht erwähnen will ich den alten Bauernbrauch, alle Frauen des Hofes zu Neujahr mit den am 4. Dezember geschnittenen und inzwischen erblühten »Barbarazweigen« zu fitzeln, das heißt: zu schlagen, was der Fruchtbarkeit förderlich sein sollte.

Auf dem Lindenhof wird nicht gefitzelt oder höchstens ganz sanft. Dafür werden wir, wie das in Schlesien üblich war, in der Neujahrsnacht ein Hufeisen aufhängen. Zwar hängt von alters her schon eines an einem Deckenbalken — aber mit der Öffnung nach oben (»damit das Glück hineinfallen kann«), und es ist nie endgültig geklärt worden, ob nicht doch die Enden nach unten zeigen müssen. Also hängen wir ein zweites andersherum auf, nachdem wir gerade in den Besitz einer ganzen Kiste voll alter Hufeisen gekommen sind.

Das hatte freilich einen traurigen Anlaß: Vor zwei Jahren war ein rüstiger Rentner erschienen und hatte gefragt, ob wir ihm nicht einen Stall vermieten wollten; er könne nichts wegwerfen und brauche neuen Lagerraum. Ein Sachensucher also, ein Bruder im Geiste des Recycling. Er bekam seinen Raum — und karrte nun unablässig aus verstreuten Verstecken eine atemberaubende Fülle von Sachen heran:

Rübenhäcksler, Lampen, Schrauben aller Art, Räder, Rasenmäher, noch mehr Schrauben, Leitern, Bretter, Butterfässer und wieder Schrauben. Der Stallraum füllte sich mit Gegenständen, die Gassen dazwischen wurden immer schmaler — aber wenn wir etwas brauchten, war es bestimmt zur Hand. Vor allem bei Schrauben konnte man sich darauf verlassen.

Er wollte Ordnung in die Sammlung bringen, aber ehe er damit beginnen konnte, traf ihn der Schlag. Die Sachen sind in alle Winde verstreut. Zu dem, was uns verblieben ist, gehört die Kiste mit Hufeisen. Eines davon werden wir also aufhängen. Und die anderen? Die legen wir, nach und nach, unseren Gästen an den Weg. Denn Hufeisen darf man nicht kaufen, man muß sie finden.

Wintergrünes

Im Winter fühlt sich der Gärtner, wenigstens zeitweise, als rechtmäßiger Ruheständler. Er streckt die Beine von sich und liest ein gutes Buch. Wenn sein Blick nach draußen geht, grüßt ihn die Duftende Heckenkirsche (*Lonicera purpusii*) mit vielen weißen, mandelduftenden Blüten — alles andere ist nur grau und braun, freilich in den feinsten Abstufungen.

Wenn der Gärtner dann doch einmal nach draußen geht und näher hinsieht, trifft er auch auf Grünes, und nicht nur bei Eibe, Buchsbaum und Efeu: Auch unter den krautigen Pflanzen sind manche, die im Winter mit frischgrünen Blättern der Kälte trotzen und allerhöchstens von sehr strengen Frösten ein wenig mitgenommen werden, um sich, sobald es etwas wärmer wird, gleich wieder zu beleben.

Man sollte, vor dem Fenster, ein Trostbeet haben, auf dem ihrer viele versammelt sind, vor einem Hintergrund von wintergrünen Farnen: die Stinkende Nieswurz mit ihrem dichtbuschigen Blattwerk und den lange haltenden Blütenständen im Januar und Februar; die buschige Pimpinelle mit den feingesägten Blättchen, die zwar nach nichts schmecken, aber rein designmäßig jeden Salat veredeln; die hundert verschiedenen Dachwurz-Arten, die im Winter das Chlorophyll etwas zurücknehmen und ihr sparsames Grün mit dunklen Rottönen mischen; der unermüdliche Gelbe Lerchensporn, der in milden Wintern manchmal überraschend erblüht; dazu Ysop und Thymian, und dazwischen das Graugrün der Schneeglöckentuffs.

Das sind nur ein paar der unentwegt Grünenden. Andere gehören zur großen Gruppe der Zweijährigen, die im Laufe des Herbstes eine kräftige Blattrosette hervorgebracht haben und in diesem Jahr blühen werden — die Nachtkerze zum Beispiel, die sich überall ausgesät hat; wenn uns die dicht dem Boden aufliegenden Rosetten zu zahlreich dünken, können wir diese ganz jungen Blätter in den Salat geben. Und der Kerbel! Wenn man im Spätsommer noch einmal die gerade reif gewordenen Samen verschwenderisch auf allen möglichen frei gewordenen Stellen im Garten verteilt hat, dann sind inzwischen so viele üppig grünende Pflanzen entstanden, daß wir Hände voll davon pflücken können, um uns die würzig-süßliche Kerbelsuppe zu kochen. Kerbel, sagte schon Hildegard von Bingen (und die hatte es wohl vom alten Plinius), regt die Säfte an, vertreibt Magenschmerzen und befördert die Verdauung.

Auch ein paar Gräser bleiben im Winter grün, darunter das merkwürdige Knollen-Rispengras, das aus der südosteuropäischen Steppe eingewandert ist. Den klimatischen Bedingungen seiner Heimat entsprechend welkt es Ende Mai weg, wartet den dürren Sommer unter der Erde ab und ergrünt erst wieder im September; im April erscheinen anstelle der Blütenrispen zahlreiche Brutpflänzchen, die vertrocknen und vom Wind weggeweht werden; wie die Mutterpflanzen erwachen sie erst im Frühherbst zum Leben.

Die Lust, Papier zu machen

Immer reizt es die Gärtnerin und den Gärtner, aus den Pflanzen und Früchten des Gartens alles zu machen, was man daraus machen kann: Marmeladen und Salate, Kräutertees und Färbestoffe, Aufläufe, Trockensträuße und Arzneien. Und Papier.

Wir haben mit dem Papiermachen begonnen, als der Löwenzahn blühte. Das erste Papier war mit gelben Blütenblättern dicht besät; sie waren verhakt und verfilzt mit einem Grundstoff aus Eierkartons, die zuvor in kleine Schnitzel zerrissen und in einem Eimer mit Wasser eine Stunde lang zu einem gleichmäßig dicken Brei verrieben worden waren.

Erst der fortgeschrittene Papierer befaßt sich mit der Kunst, faserige Pflanzen durch Fäulnis, Ätzkalk oder Natronlauge so aufzuarbeiten, daß die einzelnen Fasern in der »Pulpe« frei herumschwimmen wie die Baumwollfasern im Papierbrei für die alten »Hadern«-Papiere aus Lumpen.

Im Sommer bleibt für solche langwierigen Arbeitsgänge kaum Zeit. Also sammeln wir nur das Rohmaterial in Tüten und Kästen — Blüten aller Art, die Blätter von Schwertlilie und Sibirischer Iris, auch harte Gräser, Moose, Brennesseltriebe, Spargelschalen und ein Glas voll getrockneter Holunderfrüchte, die dann im Papier als dicke, schwarzviolette Punkte ganz eigene Akzente setzen. Und im Winter schöpfen wir:

Wenn die Grundstoffe zerschnitten, zermürbt, jedes inneren Zusammenhaltes beraubt sind, dann wählt man zwei oder drei, gibt sie in die Schöpfwanne, füllt mit Wasser auf und fügt dies und jenes an zarten Blütenblättern hinzu — getrocknete Rosenblüten zum Beispiel oder blaue Ritterspornblüten oder die Randblüten von Sonnenblumen, die sich alle gleich wieder mit Wasser vollsaugen und mit fahleren Farben zu neuem Leben erwachen, zu einem papiernen Leben.

Denn jetzt fahren wir mit dem Schöpfsieb in die Pulpe, heben es langsam wieder heraus und lassen das Wasser abtropfen. In Sekundenschnelle hat sich derart die Aufschwemmung in eine Art Gewebe verwandelt. Das ist ein faszinierender Vorgang, und für einen Augenblick wird der Papierschöpfer Zeuge davon, wie der Zufall die Gestalten und Linien zu einer neuen Ordnung zusammenfügt.

Der nasse Papier-Filz wird vom Sieb auf ein Wolltuch »abgegautscht«. Darüber kommt wieder ein Tuch, auf den das nächste Blatt gegautscht wird — und so fort. Der so entstandene Stapel kommt unter die Presse, gibt noch einmal viel Wasser ab, — und dann kann man die Papierbögen von den Tüchern abziehen und auf die Leine hängen.

Gut vorstellbar: eine Tapete aus diesen Bögen, eine jener Tapeten, wie sie in vielen geschriebenen und ungeschriebenen Jugenderinnerungen vorkommen als eine Art Landkarte, auf der die Phantasie vor dem Einschlafen ihre Reisen unternahm. Gartenreisen also für diesmal, kenntliche und unkenntliche Fragmente des Gartens zu einem Archivblatt komponiert. Da könnte jeder Monat sein eigenes Papier bekommen, der Juni ein Spargelpapier, der Januar eines mit

Moos und vielen gelben Blüten des Winterjasmins, und im August würden wir reichlich Blätter vom Steinklee einmischen – dann duftet das Papier noch jahrelang nach frischem Heu.

Trockene Schönheit

Manche Gärtnerinnen schätzen es als eine der größten Tugenden der Hortensie: daß man ihre Blüten trocknen und dann mit Goldbronze besprühen kann. Man kann sie auch in weißen Lack tauchen, oder in blauen...

Und man kann das alles auch bleibenlassen. Denn das Trockene, das uns der Sommer hinterläßt, bedarf gar nicht der Erhöhung durch Lack und Gold, es wirkt auch in seinen sanften Grau- und Brauntönen und in den bleichen Resten gewesener Farben.

In den Blumengeschäften wird uns, zu gesalzenen Preisen, der immerwährende Frühling offeriert. Wenn wir aber, statt im Dezember kolumbianische Nelken zu kaufen, den Garten nach winterlichen Bizarrerien absuchen, eröffnet sich uns eine völlig andere Dimension der Pflanzenschönheit: Der Sommer malt mit ausdrucksvoller Farbenvielfalt; der Winter zeigt, nicht weniger ausdrucksvoll und vielfältig, die Reize der Linien, der Konturen, der Graustufen, der Nuancen moderiger Brauntöne.

Augen und Seele können dieses Ausruhen wohl brauchen. Die Freude über die ersten Farben im Garten ist tiefer, wenn man ihr Leuchten zuvor eine Zeitlang entbehren mußte und dafür das Vergnügen am Grafischen ausgekostet hat, das uns die Pflanzen jetzt bieten.

Ich rede nicht von den üblichen Trockensträußen. Damit mag es jeder halten wie er will. Viel aufregender ist das Einzelne, das Vereinzelte, der tote Ast, der sparrige Samenstand, das ledernarbige welke Blatt.

Im Trockenen enthüllen sich die Strukturen des Lebens, die Statik der Pflanzengestalten. Da nehmen wir wahr, daß manche Pflanzen nur durch den Wasserdruck in ihren Geweben Standfestigkeit gewinnen und zu einem Nichts von Materie zusammensinken, wenn das Wasser entweicht, während andere uns zeigen, daß sie ein starres Stützgerüst aufgebaut haben. Die krautige Minze schwindet dahin, aber der holzige Wermut widersteht den härtesten Winden; vom samtigen Frauenmantel bleibt nur ein wirres Knäuel krauswelker Blätter, aber die großen Samendolden von Fenchel und Pastinak schweben noch lange auf mannshohen Schäften über den Beeten, ehe sie aufgeben.

Sowohl Festes wie Hinfälliges zeigen die Schwertlilien: Ihre wässerigen Blüten vergehen zu einer zart-papiernen Haut (das ist Monate her), ihre straffen, flachen Blätter schrumpfen jetzt zu krummen Schnüren ein — aber inzwischen haben sich pralle Samenkapseln entwickelt, in denen die Körner dicht gepackt liegen wie Münzen in einer Rolle. Steinhart sind die Samen, wie Holz die Kapseln.

Samen, Kapseln, Schoten, Gräser, welke Blütendolden, Würzkrautbüschel, totes Holz, Pilze, sonderbare Früchte, skelettierte Blätter und Stengel: Manches haben wir schon im Laufe des Spätsommers geborgen — wie die kostbaren Sporenstände des Perlfarns —, manches fällt uns jetzt überhaupt erst auf — wie die unermüdliche Rose, deren zögernde Novemberblüte mit Bordüren aus Reif besetzt ist und die drinnen zu einer krustigen Kugel einschrumpft.

In fast jedem Garten gibt es Traditionelles, übliche Ernte

Jahr für Jahr, zum Beispiel die orangefarbenen Lampionblumen, oder die »Silbertaler«, die weißgrau leuchtenden Trennwände der Samenschoten von Mondviolen, in der Vase vielleicht belebt durch den Kontrapunkt der merkwürdigen Samenstände des Färberwaid, an denen flache schwarze Früchte zeilenweise aufgehängt sind.

Und es gibt Unübliches, wie die hellbraune, großflächig abrollende Borke der Papier-Birke. Die Chippewa-Indianer machten daraus transparente Ornamentbildchen, indem sie die papierdünne Borke mehrmals falteten und dann mit den Zähnen ein Lochmuster hineinbissen.

Hie und da fallen uns an blattlosen Zweigen bizarre Gallen auf, etwa die Wirrkopf-Galle an der Weide, ein holzig-haariges Gebilde, in dem die Larve einer Gallmücke heranwächst. Der Winter-Garten ist voll von solchen spitzen, brüchigen Formen des Trockenen, jede einzelne ein Filigranwerk.

Aber es gibt auch Rundplastiken, wie die Kürbisse, die wir im September abgenommen und ins Zimmer geholt haben, damit sie in der kalten Feuchte der Herbstnächte nicht zu faulen beginnen. Drinnen trocknen sie unendlich lange vor sich hin, behalten auch über Monate ihre Farben.

Nur an der Verminderung des Gewichtes merken wir, daß ihnen das Leben — das heißt: das Wasser — allmählich abhanden gekommen ist. Schließlich sind sie ganz leicht, hohl klappern nur noch die Kerne.

Aus den beinhart gewordenen Schalen können wir Gefäße machen, die Kerne können wir teils essen, teils fürs nächste Frühjahr aufbewahren, um neue Kürbisse zu ziehen, viele Sorten, vom schlichtgelben Speisekürbis bis zu den abstrusesten und buntesten Spielformen, die, auch wenn sie von den Züchtern sorgsam gekreuzt und ausgelesen wurden, doch nicht »unnatürlich« sind, sondern die ganze Breite der Verkleidungsmöglichkeiten des Kürbis repräsentieren. Kobolde sind das, und ihr trockenes Rasseln klingt vergnügt wie Eulenspiegels Schellenkappe.

Wenn aber doch die Fäulnis über sie kommt, sollten wir sie nicht wegwerfen, sondern sollten das in sich zusammenfallende, von mehreren Schimmelarten vielfarbig ornamentierte Gebilde schrumpfen und vertrocknen lassen; es sieht dann aus wie der phantastische Orden eines orientalischen Geheimbundes – falls es so etwas gibt.

Was aber die »Silbertaler« angeht, so bietet die Mondviole nicht nur die üblichen runden Formen (von der zweijährigen *Lunaria annua*, die man immer wieder neu aussäen muß), sondern auch die spitzovalen der verwandten Art *Lunaria rediviva*, einer ausdauernden Staude, die gelegentlich wild in feuchten Wäldern vorkommt. Wenn schon Trockensträuße, dann wäre dies eine erwünschte Variante.

Winterende

Beim Frühstück am Ostfenster sehen wir, daß die Pracht der Vorfrühlingsblüher nun endgültig dahin ist. Es war eine hinreißende Aufführung: Die Mahonie »Winter Sun« mit ihren schwefelgelben Blütenkerzen; »Jelena«, eine Zaubernuß-Züchtung mit kupferfarbenen Blüten; die wie aus Porzellan geformten Blüten eines Schneeballs *(Viburnum bodnantense)*; die cremefarbenen, in Trauben hängenden Blütenglöckchen der Schweifähre *(Stachyurus)*, und die intensiv duftenden weißen Blüten der Duftenden Heckenkirsche *(Lonicera purpusii)*.

Sie alle haben vom Februar bis weit in den März hinein geblüht und haben uns geholfen, den Wetterbericht

(». . . von Norden einströmende kalte Meeresluft«) mit Fassung zu ertragen.

Warum werden diese Gehölze in den Baumschulen kaum jemals angeboten? Von den Verkäufern bekommt man auf diese Frage die Antwort: so Ausgefallenes werde eben nicht verlangt. Als wäre das ein Grund, es nicht anzubieten! Freilich muß eingeräumt werden, daß die Kunden tatsächlich sehr hartnäckig nur das kaufen, was sie (aus Nachbars Garten) kennen. Also pflanzen sie von den tröstlichen Vorfrühlingsblühern allenfalls den Winterjasmin und die Zaubernuß, natürlich eine gelbe, wo kämen wir sonst hin?

Wir kämen sonst dahin, daß die Neugier auf die ungehobenen Schätze dieser Gehölze, die des Winters spotten, in einer gemeinsamen Anstrengung von rührigen Baumschulern (so heißen sie ja wirklich) und wagemutigen Kunden einiges mehr in die Gärten brächte von dem, was die Düsternis aufhellt und die Hoffnung bestärkt.

Und wenn dann die Natürlichkeits-Apostel am Garten vorbeikommen und uns über den Zaun zurufen, all jene frühen Frühjahrsboten seien Ausländer und deshalb aus ökologischen Gründen unerwünscht, nichtsnutzige Importen, die der heimischen Tierwelt nichts zu bieten hätten, dann laden wir sie ein, in den Garten zu kommen und zuzusehen, welche Freude die ersten Hummeln und die zu früh erwachten Schmetterlinge an den Blüten haben. Und wir teilen ihnen zweitens mit, daß wir uns in gewissem Sinne auch zur heimischen Tierwelt rechnen, so daß auch unsere Freude im Sinne der Humanökologie von beträchtlichem Nutzen ist. Und drittens sagen wir ihnen, daß es aus Gründen wünschenswerter Vielfalt jammerschade wäre, wenn in unseren Gärten landauf, landab immer nur jene knapp zwei Dutzend Sträucher wüchsen, die von den heimischen Arten überhaupt als Gartengehölze in Betracht kommen.

Was wäre an dieser Stelle passender als der Hinweis auf einen russischen Strauch, der zwar nicht im Vorfrühling blüht, aber besonders früh austreibt: die Tatarische Heckenkirsche *(Lonicera tatarica)*, ein Strauch von ganz besonderer Wuchsfreude und Robustheit, wie man sie haben muß, wenn man in der Tatarei lebt. Der botanische Name zeigt an, daß die Tatarische Heckenkirsche zur gleichen Gattung gehört wie die windenden Geißblatt-Arten. Sie wächst aber aufrecht, und die am Boden entspringenden Hauptäste können bis zu vier Meter hoch werden. Ihre Borke ist dick und weich und wird von unseren Katzen besonders gern zum Schärfen der Krallen genutzt. Die im Mai erscheinenden rötlichen Blüten sind vor allem durch ihre große Zahl auffallend und schmückend, ebenso im Spätsommer die korallenroten Früchte.

Die Tatarische Heckenkirsche gilt, obwohl sie seit zweihundert Jahren in europäischen Gärten steht und hie und da sogar ausgewildert ist, als exotischer »Zierstrauch«. Dabei hat sie alle Tugenden einer vortrefflichen Heckenpflanze: Sie ist absolut frosthart, auch gegen Wind und Wetter völlig unempfindlich; der ungewöhnlich frühe Laubaustrieb freut Tiere und Menschen, die Blüten haben reichen Insektenbesuch, und die Beeren werden von den Vögeln gern gefressen.

Man kann (und sollte sogar) den Strauch bedenkenlos beschneiden und, wo er in der Hecke steht, rigoros »auf den Stock setzen«, also tief herunterschneiden, damit er wieder neu durchtreibt. Er ist übrigens mit dem ärmsten Boden zufrieden und im unteren Bereich so licht, daß dort nicht nur die Frühjahrsblüher, sondern auch die sommerblühenden Halbschattenpflanzen gedeihen.

Es gibt noch viele andere strauchig wachsende *Lonicera-*Arten von unterschiedlicher Wuchshöhe. Fast alle haben die gleichen guten Eigenschaften wie die Tatarische Heckenkir-

sche, fast alle stammen ursprünglich aus mehreren Gegenden Asiens und fast alle wurden schon vor hundert und
mehr Jahren nach Europa geholt. Der Katalog der berühmten englischen Baumschule Hillier's enthält einunddreißig
verschiedene Arten, in guten deutschen Baumschulen findet
man immerhin ein halbes Dutzend. Wer eine gemischte
Hecke pflanzen will, sollte *Lonicera* nicht vergessen.

Morgens um sieben öffnen sich die Blüten der Weißen See-
rose, nachmittags um fünf schließen sie sich wieder; wenn
der Löwenzahn aufgeht, ist es fünf Uhr in der Frühe, und
neun Uhr abends, wenn die Weiße Lichtnelke in Erwartung
der Nachtfalter erblüht — so läßt es sich ablesen auf der
Blumenuhr, die der schwedische Naturforscher Carl von
Linné vor zweihundert Jahren erdacht hat. Die Blumenuhr
ist anmutig und liebenswürdig, aber ungenau bis dorthinaus, bei trübem Wetter bleibt sie stehen, und im Winter gibt
es sie gar nicht. Kein Wunder demnach, daß die Botaniker
Linnés Blumenuhr als nichtsnutzige Spielerei eines sonst
seriösen Wissenschaftlers verwarfen.

Und in der Tat: Man braucht im Garten gar keine Blumenuhr, es ist vollkommen gleichgültig, ob der Tageslauf
der Blüten in irgendeine Beziehung zur menschlich-metri-
schen Zeitmessung zu bringen ist; überdies sind die
Lebensgesten der Blüten ja nur ein ganz kleiner Bruchteil
dessen, was sich im Garten vollzieht an Wandlungen, Bewegungen, Werdegängen und Übergängen.

Der Gärtner nimmt das Maß für seine Zeitrechnung von
anderswoher, sein Zeitgefühl orientiert sich an anderen Zeichen. Und da der Garten in vielem ein Spiegelbild der Welt
ist, so läßt sich, wenigstens andeutungsweise und mit gehö-
riger Vorsicht, aus dem Zeitverständnis des Gärtners manches ablesen über den möglichen Umgang mit der Zeit,
auch über unseren Umgang mit ihr außerhalb des Gartens.

Geduld, sagt man wohl, sei die wichtigste Tugend des
Gärtners, aber da ohne Geduld überhaupt kein Gärtner zu

denken ist, so ist seine Geduld weniger eine Tugend, als vielmehr die unerläßliche Voraussetzung dafür, daß er überhaupt ein Gärtner sein kann. Seine Geduld läßt den Pflanzen des Gartens Zeit und Raum für ihre Entfaltung: Es hat ja jede Blume und jeder Baum einen Anspruch auf gemäßen Raum und auf die Zeit, die für die Entwicklung nötig ist, und dieser Anspruch muß schon dann berücksichtigt werden, wenn die Blume noch ein Same, der Baum noch ein Steckling ist. Der Gärtner nimmt im Geiste den erstrebten Endzustand vorweg und richtet sich danach. Man sieht mißlungene Gärten, der Ungeduld entsprungen und Ungeduld ausstrahlend in der Zufälligkeit und Unvereinbarkeit dessen, was da zusammengestoppelt wurde. Die Ungeduld sucht die Fülle, aber sie erlangt nichts als die Völle.

Entfaltung und Wachstum kann der Gärtner nur zulassen und befördern, aber nicht verursachen oder willentlich beschleunigen, die Gewächse sind nicht verfügbar wie die Dinge, derer sich die Eile bemächtigt. Es ist das Kennzeichen der Geduld, daß sie das Unverfügbare so sein läßt, in seiner Entfaltung, aber natürlich auch im möglichen Scheitern dieser Entfaltung, auch im Welken und Sterben. Es taucht da gar nicht die Frage auf, die die Eiligen so bewegt: ob »sich« das »rechnet«, — wie man heutzutage zu sagen pflegt — wohlweislich im Dunkeln lassend, *wer* da eigentlich rechnet und verrechnet und sich verrechnet.

Die Eile ist das Gegenteil der Geduld: Ungeduldig sucht sie zu beschleunigen, was eigentlich seine Zeit braucht. Die Ungeduld will die Zeit gewinnen und treibt die Wesen und die Dinge zur Eile an, sieht in den Wesen Dinge und rechnet mit ihrer Verfügbarkeit — so wie die Geduld ihnen die Unverfügbarkeit zubilligt —, sie rechnet mit der Verfügbarkeit und mit der Machbarkeit. Der Wahn, daß alles machbar sei, hat sich in dem gleichen Maße aufgebläht, wie die

Eile als Voraussetzung und Grundbedingung eines erfolgreichen Lebens bestimmend wurde, und die langsame Verdunstung dieses Wahns geht einher mit der Neuentdeckung des Gartens — was gewiß mehr ist als ein hübscher Zufall.

Das mag sich altväterisch-betulich anhören, und ganz unzeitgemäß angesichts der Nötigungen zur Eile, denen wir ausgesetzt sind. Aber eben darin, daß das Zeitgemäße die Nötigungen sind, und daß sie uns mit in die eiligen Wirbel des Wahns der Machbarkeit und Verfügbarkeit hineinreißen wollen — eben darin liegt der Grund für so viel Verstörung und Zerstörung, denen nicht durch gesteigerte Eile zu entrinnen ist, sondern nur durch Zurückbleiben.

 Der Garten kann da, eben weil er ein Gleichnis ist, therapeutische Bedeutung haben und wird denn auch als Therapie genutzt. Die gärtnerische Arbeit gilt als ein Heilmittel, das hilft, Ordnungen und Rhythmen wiederherzustellen, die beschädigt worden oder abhanden gekommen sind. Diese Wirkung hängt damit zusammen, daß die Wesen des Gartens sich keiner Gewalt und keinem Willen beugen, auch kaum zu überlisten sind und auf eine ganz stille und schließlich doch strenge Art ihr Lebensrecht in den ihnen gemäßen Zeitrhythmen verwirklichen. Wer darin eingreift, zerstört — und sieht, daß er zerstört hat.

Zugleich gewinnt der Gärtner seine Zeit, indem er sie abgibt an seine Pflanzen, indem er sie dem Maß unterwirft, das sie fordern. Damit entrinnt er der Eile, die um ihn herum die Herrschaft ausübt, und in der Geduld wird ihm die Zeit lang in dem Sinne, daß sie sich mißt an den langsamen Entfaltungen und nicht an den Uhren der Eiligen. Der Eilige sucht die Zeit zu gewinnen, und je besser es ihm gelingt, um so weniger Zeit hat er schließlich. Dem Geduldigen dehnt sich die Zeit zu einem großen Reichtum, mit dem paradoxen Ende, daß auch er schließlich die Zeit nicht mehr »hat«, daß sie für ihn keine Bedeutung mehr hat als treibende Kraft. Für ihn bleibt die Zeit stehen, und damit entfällt alle Nötigung zur Eile. Aristoteles hat diese ruhegebende Kontinuität der Zeit beschrieben, indem er auf zweierlei Weise das »Jetzt« zu definieren suchte: einmal als etwas unablässig Verschwindendes, das im Augenblick der Wahrnehmung in der Vergangenheit untergeht, während zugleich aus der Zukunft ein neues Jetzt erscheint, so daß die Aufeinanderfolge der Jetzte ununterbrochen sich vollzieht, – zum anderen, indem er das Jetzt als etwas Beständiges sah, durch das die Zeit von der Zukunft in die Vergangenheit hindurchfließt.

Auf der Blumenuhr zeigt, im Sommer, die aufblühende Nachtkerze den Abend an. Der Gärtner sieht schon am späten Nachmittag, welche der Knospen heute abend aufgehen wird.

Es braucht Geduld, die Entfaltung der Blüte zu beobachten: Zu einer spitzen Tüte sind die schwefelgelben Kronblätter aufgewickelt, unten zusammengehalten von dem grünen Kelch. Das Aufblühen erfolgt, indem sich bestimmte Zellen der Kronblätter ganz langsam prall mit Wasser füllen und dadurch, wie mit sich reckenden Gelenken, die Blätter nötigen, sich zu entrollen. Das dauert etwa eine Stunde. Wenn man sich vor die Blüte setzt und sehr genau hinsieht, kann man den Vorgang nach Bruchteilen von Millimetern verfolgen, man sieht, wie die zarten Blätter sich zuerst an der Spitze voneinander lösen und dann immer weiter nach außen umlegen, bis schließlich die große offene Nachtkerzenblüte dem geduldigen Beobachter entgegenleuchtet. Morgen, in der Vormittagssonne, wird sie schon wieder wegwelken.

Da fließt, mit Aristoteles zu reden, die Zeit unmerklich von der Zukunft durch das Jetzt in die Vergangenheit, oder: jedes Jetzt wird im Moment der Wahrnehmung ausgelöscht im Gewesenen und ersteht neu aus dem Kommenden. Wollte man, eilig, den Vorgang des Aufblühens beschleunigen, die seidigen Blätter auseinanderfalten — sie würden das nicht überstehen, die Blüte wäre dahin.

Das ist nun ganz und gar keine Besonderheit der Blumen und des Gartens, vielmehr ein Beispielfall für vieles und inzwischen nahezu alles, was sich außerhalb des Gartens vollzieht. Wo immer die Eile praktiziert wird, zerstört sie etwas von der Welt, der Materie, dem Lebewesen, den Menschen — und sei es »nur«, daß sie die Stille zerreißt, denn Eile ist fast immer laut, macht sich unüberhörbar.

Die Eiligkeiten unserer Lebensform zu schildern, heißt inzwischen, nachdem die Eile allgemein als Bestandteil eines erfolgreichen, freien und fröhlichen Lebens anerkannt ist, unseren Alltag abzumalen: als ein Kolossalgemälde der Beschleunigung, die alles ergriffen hat, was es überhaupt gibt, und die immer noch weiter und weiter gesteigert wird, längst über jene Grenze hinaus, die das menschliche Fassungs- und Reaktionsvermögen eigentlich setzt. Waren und Menschen werden unter Einsatz ungeheurer Energiemengen auf den Weg der Eile gebracht, je schneller sie den Ort wechseln, um so rentierlicher erscheint es — denn Zeit ist Geld — und um so begeisterter ist man über die Techniken, die dies möglich machen. Signale werden mit größter Eile befördert und ausgetauscht, Informationen mit Hilfe des Computers eilig erstellt und ermittelt, das Rechnen und, in der Folge, das Denken wurden der Eile unterworfen und man arbeitet fieberhaft daran, sie noch schneller und noch schneller zu machen. Apparate aller Art, vom Auto bis zum Elektrorasierer, vom elektrifizierten Küchenmesser bis zum

Telefon, vom Fernseher bis zum Telefax, vom Personalcomputer bis zur Sofortbildkamera, vom Mikrowellenherd bis zur Weltraumrakete, dienen alle der Verwirklichung eines Zieles, das oft genug schon gar nicht mehr utopisch, sondern endgültig erreicht scheint: daß alles, aber auch alles, zu jeder Zeit an jedem Ort ohne Wartezeit verfügbar sei, — die Information, das Mittagessen, der Brief, der Mensch, die Erdbeeren. Alles soll auf Knopfdruck jederzeit zur Hand sein, jederzeit fertig, potentiell allgegenwärtig. Die Eile betreibt die Abschaffung der Zeit und des Raumes, die Reduzierung der Welt auf den Raum-Zeit-Punkt, an welchem man sich befindet und in den man, ohne jede Verzögerung, alles hineinziehen kann, was es überhaupt gibt. Es ist die Vereinigung des Jetzt und Hier mit dem Immer und Überall.

Selbst die Machenschaften der Gentechniker sind ja nichts anderes als der Versuch, die hergebrachte, viel zu langsame Geschwindigkeit evolutionärer Vorgänge zu beschleunigen, die Evolution zur Eile anzutreiben und durch die beliebige Vermischung aller Eigenschaften und Gestalten jederzeit das je erwünschte Wesen erzeugen zu können, aus allen verfügbaren genetischen Potenzen der Vergangenheit und Zukunft. Daß davon erst Ansätze verwirklicht werden konnten, ändert nichts am Prinzip dessen, was da angestrebt wird, eine Omnipotenz, die die räumlichen und die zeitlichen Entfernungen aufhebt.

Die Eile ist zerstörerisch. Bei jeder Zerstörung, die wir beklagen, läßt sich leicht die Eiligkeit finden, die dazu geführt hat, und bei jeder Manifestation der Eile läßt sich leicht die Zerstörung finden, die sie unweigerlich zur Folge hat. Menschen werden überfahren, Tages- und Lebensläufe zerrissen bis zur psychischen Verwirrung, jede Privatheit bis zu jener der Daten wird löcherig, Landschaften und

Lebensräume werden verwüstet, ganze Kulturen aufgerieben und die Erde selbst auf vielerlei Weise geschändet, mißbraucht, zerrüttet, — all dies gespeist und befeuert von einer Energie, die aus unwiederbringlichen, nur scheinbar grenzenlosen Vorräten gewonnen wird. Kohle, Erdöl, Uran — mit gierigen Händen greift die Eile nach dem Stoff, den sie als Nahrung braucht und der, wenn er dann vertilgt ist, Abfälle zurückläßt, die auf unterschiedliche Art das Leben als solches in seinem Bestand gefährden.

Der Garten vermag in dem Bild, das er darbietet, noch eine leise Ahnung davon zu vermitteln, daß Leben nur auf eine uneilige Weise, nur im langsamen Fortschreiten bewahrt werden kann, und daß es zerfällt und verkommt, wenn es in die Zwangsjacke der Eiligkeit gesteckt wird.

Höchstens Not und Gefahr können den Gärtner zur Eile treiben, der drohende Frost zum Beispiel, der Vorkehrungen nötig macht, um empfindsame Gewächse zu schützen, — und auch dies ist ein Sinnbild: dafür, daß die Eile aus der Not geboren wird. Was ist das für eine Not, vor der die moderne Eiligkeit zu fliehen sucht? Es ist wohl, ganz am Ende, Todesnot, Flucht vor der Zeitlichkeit, vor dem unausweichlichen Ende, dem des eigenen Lebens oder dem der Zeit überhaupt. Ich erinnere mich an Eisenbahnfahrten, von denen ich wünschte, sie würden nie aufhören, weil ich mich fürchtete, am Ziel anzukommen, und je schneller der Zug fuhr, um so sicherer fühlte ich mich...

Auch für den Gärtner ist der Tod immer vorhanden, aber er trachtet ihm nicht zu entkommen — um den Preis, daß das Leben in Eiligkeit zerbröselt —, sondern er geht ihm entgegen unter den Bögen der Zeit:

Der Garten ist überspannt von den Bögen der Zeit, von so kleinen wie dem, unterhalb dessen die Nachtkerzenblüte aufgeht, von etwas größeren, wie denen, die die Blumenuhr zwischen Morgen und Abend schlägt, und von den Bögen der Tage und Wochen und Jahre, in denen etwa das Keimen sich vollzieht oder die Reife eines Walnußbaumes vom Sämling bis zur ersten Ernte nach fünfzehn Jahren. Das sind sehr verschiedene Spannweiten, und hie und da wird man sogar so etwas wie Eile im menschlichen Sinne finden können: Manche Pilze zum Beispiel, wie die Schopf-Tintlinge, absolvieren den für uns sichtbaren Teil ihres Lebenszyklus in einer gar nicht pflanzenhaften Eile, ihre Fruchtkörper erscheinen buchstäblich über Nacht und dann dauert es nur Stunden, bis die Sporen gereift sind und die Hüte und Stiele zu einer schwarzen, tintenhaften Flüssigkeit vergehen. Aber das Bild täuscht, denn diesem eiligen Reifen ist eine lange Spanne Zeit voraufgegangen, während derer sich der eigentliche Körper des Pilzes, das Myzel, in der Erde vorbereitet hat auf das große und einmalige Ereignis der Fruchtbildung, das die Fortexistenz sichert. Die Eile ist hier nur ein kurzer Kontrapunkt zu einer sehr ruhigen und verborgenen Weise der Existenz.

Wirklich eilig in seinem ganzen kurzen Leben ist hingegen das Behaarte Schaumkraut, das eine Vegetationszeit, also eine Lebensspanne von manchmal nur vierzehn Tagen hat, während derer es keimt, heranwächst, mit vielen kleinen Blüten blüht, dann Schoten entwickelt, in denen die winzigen Samen rasch reifen, um sich, von den aufspringenden Schoten weit weggeschleudert, nach allen Seiten zu verbreiten. Dahinter steckt eine Art Not — denn das Behaarte Schaumkraut kann nur auf sonst unbewachsenem Boden gedeihen und muß sich deshalb beeilen, wenn es sich, wenigstens für kurze Zeit, gegenüber den aufkommenden Konkurrenten behaupten will, und mit der eiligen Fruchtbarkeit ist auch wieder eine subtile Art der Zerstörung im Sinne der Verhinderung verbunden, indem das

Behaarte Schaumkraut ganze Flächen erobern und blockieren kann.

Zeitbögen: Da gibt es den ganz anderen, über Monate und Jahre gespannten Zeitbogen des Komposthaufens, auf dem nicht etwas gedeiht, sondern etwas ganz langsam wieder in einen mineralischen Urzustand zurückgeführt wird. Moderne Gartentechnik beschleunigt die Verrottung, indem sie die Gartenreste zuerst durch den gräßlich lärmenden, mit brutalen Messern rotierenden Shredder schickt; der Grus, den dieser ausspeit, zerfällt schon bald, während die unzerkleinerten Äste und Strünke vielleicht Jahre gebraucht hätten, um wieder zu nahrhaftem Mulm zu werden.

Zeitbögen: Da gibt es die einjährigen Pflanzen, die Keimung, Wachstum und Fruchtreife in der Zeit eines einzigen Jahres hinter sich bringen, die Zweijährigen, die im ersten Jahr nur eine Rosette wachsen lassen, mit der sie über den Winter gehen, um dann im zweiten Jahr ihrer Existenz den Blütenstand auszubilden, – ferner die ausdauernden Stauden, die über Jahre und Jahre hinweg leben, und schließlich die Sträucher und Bäume, die eine Holzschicht nach der anderen aufbauen und deren Lebensalter nach Jahrzehnten und Jahrhunderten zählt, – da hat die Eile keine Chance.

Die Zeitbögen überlagern einander, so wie in der Welt auch die Menschen und die Dinge ihre Zeit haben (oder hatten), zu sein in aufeinander folgenden oder einander überschneidenden Sequenzen: Lebensalter, Jahreszeiten, kurze Komödien, lange Tragödien, Feste und Krankheiten, Abfolgen und Hergänge in je eigenen Lebensformen und Erlebnisräumen. Vieles davon ist verwischt und zerstört von der Eile, abgekürzt und eingeschrumpft: Nach New York braucht man zehn Stunden und fürs Mittagessen im Schnellrestaurant zehn Minuten; die Erdbeeren gibt es auch im Winter, den Schnee auf den Pisten im Sommer; die

Schnelläufer werden immer schneller, und die Kinder lernen mit dem Computer zu reden, bevor sie ihre eigene Sprache kennen; die Telefonreklame erzählt uns, daß Onkel Max nicht in Toronto ist, gleichwohl aber dort eine Partie Schach spielt, und mit der Fernbedienung kann man zwischen sieben Programmen wählen: Die Eile bringt es mit sich, daß man alles zugleich tun will, und, da das nicht möglich ist, sorgt man wenigstens dafür, daß alles zu jeder Zeit getan werden kann.

Der Gärtner verzichtet auf solche Erweiterung seiner Möglichkeiten — soweit diese überhaupt Eingang in den Garten finden konnten —, weil er weiß, daß Leben nur in jener Beschränkung möglich ist, die sich den Zeitgesetzen der Entfaltung und Reifung anmißt. Der Gärtner geht unter den Bögen der Zeit, viele kennt er, immer wieder andere entdeckt er neu, zufällig oder suchend, er nimmt an dem Leben um ihn herum teil, indem er die Zäsuren wahrnimmt, die Entwicklungen zuläßt, Anfänge ermöglicht und nichts übers Knie bricht, denn was man übers Knie gebrochen hat, das ist kaputt.

Für den Gärtner verläuft die Zeit nicht linear: Wo die Zeitbögen enden, da beginnen sie zugleich neu. Wo Pflanzen sterben, sind schon die Samen da, die das nächste Leben verbürgen; die Bögen und Sequenzen ordnen sich zu größeren Bögen, die Zyklen sind unendlich — sie sind der Sieg über die Vergänglichkeit, wenn dieser denn überhaupt, wenigstens unter einem menschlichen Zeithorizont, möglich ist.

Der Eilige flieht vor Zeitlichkeit und Tod, der geduldige Gärtner geht in der Zeitlichkeit dem Tod entgegen, sucht den rechten Weg dorthin, an den Zeitbögen entlang, die die Vergänglichkeit zugleich anzeigen und überwinden. Und auch dies wird auf dem Weg gelehrt: daß die Zeitbögen abrupt abbrechen können, daß es ein Scheitern ohne Neuanfang, einen Weggang ohne Wiederkehr, Abschluß ohne

Vollendung gibt. Manches mißlingt dem Gärtner, manches Leben entzieht sich ihm einfach oder vergeht im Kampf mit anderem Leben. Da ist kein endloses Glück und Gedeihen, sondern da gibt es auch Trauer, Abschied und endgültiges Ende. Freilich sind auch diese Abbrüche eingelassen in die Arkadenreihen der Zeitbögen, und außerdem weiß der Gärtner, daß die Wahrheit, auch die des Abschieds, schließlich erträglicher ist als der betrügerische Versuch, durch Eile die Zeit gewaltsam mit Leben zu füllen, so anzufüllen, daß sie aus den Nähten bricht und dann nur noch Trümmer sehen läßt.

Die Eile bleibt im Grunde ziellos, das Ankommen ist ihr zuwider, weil es ja ein Verharren werden könnte, also erfindet sie sogleich ein neues Ziel, um weitereilen zu können, denn sie will ständig unterwegs sein. In einem ruhelosen Tourismus, der schon beim Aufbruch an den nächsten Aufbruch denkt und der die letzten Winkel der Erde verwüstet, findet das sinnfälligen Ausdruck. Für den Eiligen hat die Zukunft ein größeres Gewicht als die Vergangenheit, er sieht nicht geduldig dem Fluß der Zeit durch das Jetzt hindurch zu, sondern versucht immer, aus dem Jetzt so schnell wie möglich auszubrechen in das Noch-Nicht, und bei diesem Versuch stolpert er und bekommt Sand in die Augen, er nimmt das Jetzt gar nicht mehr wahr.

So verliert der Eilige im zweifachen Sinne die Zeit: Als den Punkt des Jetzt sieht er sie nicht, und auch nicht als das Werden, in welchem Gewesenes und Zukünftiges aufgehoben sind; er bleibt blind, wo sich dem geduldig Wahrnehmenden zugleich mit dem Jetzt auch die Dauer erschließt, weil er die Erinnerung des Gewesenen und die Erwartung des Kommenden in sich selbst aufhebt und erst derart im Sein das Werden und im Werden das Sein zu sehen vermag. Er erlebt die Verwandlungen in der Zeit, aber er sieht auch die Zeitlosigkeit des Seins jenseits der Verwandlungen.

Was im Garten geschieht, kann Punkt für Punkt als Gleichnis gelten für unser Leben außerhalb des Gartens, für unsere Möglichkeiten des geduldigen Zulassens und für unsere Irrtümer des eiligen Zugreifens. Die Verwüstung unserer Welt ist ein Werk der Eile, und die Geduld wartet auf das Scheitern der Eile. Daß sie scheitern muß, weiß der Gärtner — und ist übrigens kein Idylliker, sondern ein Partisan.

Adressen der im Text erwähnten Versandgärtnereien

Botanischer Alpengarten F. Sündermann, Aeschacher Ufer 48, 88131 Lindau am Bodensee

Gärtnerei »Kräuterzauber« Daniel Rühlemann, 27367 Stuckenborstel

Odenwälder Pflanzenkulturen Kayser und Seibert, Postfach 1162, 64373 Roßdorf

Staudengärtnerei Gräfin von Zeppelin, 79295 Sulz-burg-Laufen

Register

Natur
und
Umwelt

Frederic Vester:
Neuland
des Denkens
Vom technokratischen zum
kybernetischen Zeitalter

dtv

Frederic Vester:
Unsere Welt
- ein vernetztes
System

dtv

Maureen & Bridget
Boland:
Was die Kräuter-
hexen sagen
Ein magisches
Gartenbuch
dtv 10108

Jürgen Dahl:
Nachrichten aus
dem Garten
Praktisches, Nach-
denkliches und
Widersetzliches
aus einem Garten
für alle Gärten
dtv/Klett-Cotta
30077

Zeit im Garten
Zwölf Gänge durch
den Garten am
Lindenhof und
anderswo
dtv 30391

Dieter Heinrich /
Manfred Hergt:
dtv-Atlas
zur Ökologie
Mit 116 Farbtafeln
dtv 3228

Henry Hobhouse:
Fünf Pflanzen ver-
ändern die Welt
Chinarinde, Zucker,
Tee, Baumwolle,
Kartoffel
dtv / Klett-Cotta
30052

Edith Holden:
Vom Glück, mit
der Natur zu leben
Naturbeobachtungen
aus dem Jahre 1906
dtv 30049

Die schöne Stimme
der Natur
Naturerlebnisse aus
dem Jahre 1905
dtv 30027

Frederic Vester:
Unsere Welt – ein
vernetztes System
dtv 10118

Neuland des
Denkens
Vom techno-
kratischen zum
kybernetischen
Zeittafel
dtv 10220

Ballungsgebiete in
der Krise
Vom Verstehen und
Planen menschlicher
Lebensräume
dtv 30007

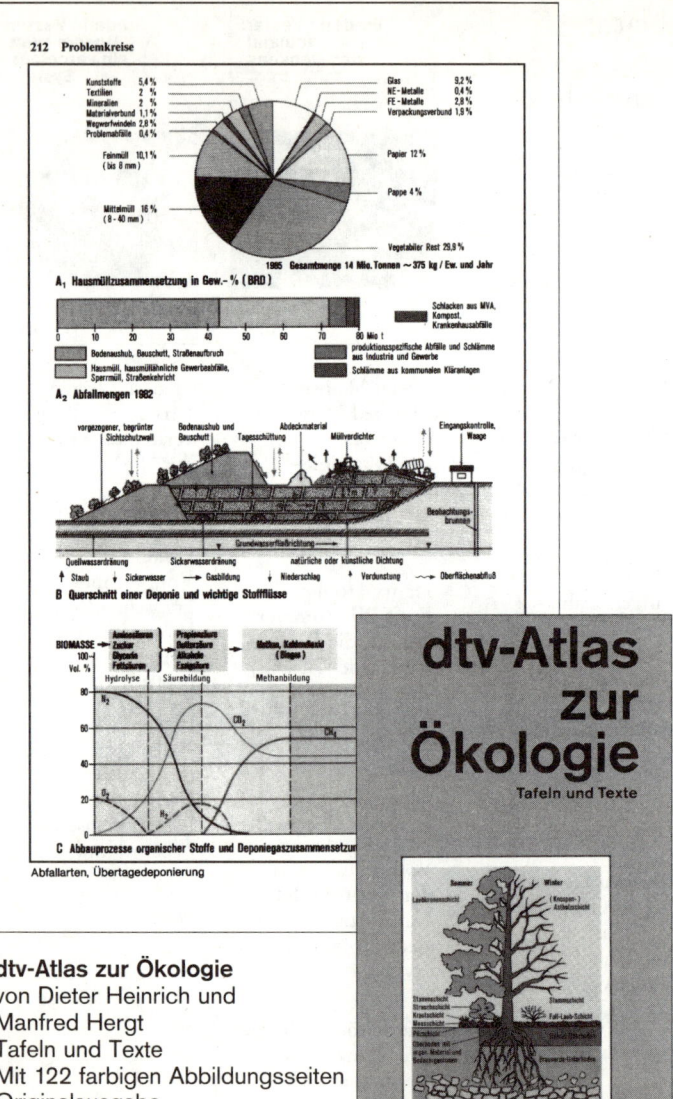

Kunststoffe 5,4 %
Textilien 2 %
Mineralien 2 %
Materialverbund 1,1 %
Wegwerfwindeln 2,8 %
Problemabfälle 0,4 %

Feinmüll 10,1 %
(bis 8 mm)

Mittelmüll 16 %
(8 - 40 mm)

Glas 9,2 %
NE - Metalle 0,4 %
FE - Metalle 2,8 %
Verpackungsverbund 1,9 %

Papier 12 %

Pappe 4 %

Vegetabiler Rest 29,9 %

1985 Gesamtmenge 14 Mio. Tonnen ~ 375 kg / Ew. und Jahr

A₁ Hausmüllzusammensetzung in Gew.- % (BRD)

Schlacken aus MVA,
Kompost,
Krankenhausabfälle

0   10   20   30   40   50   60   70   80 Mio t

Bodenaushub, Bauschutt, Straßenaufbruch

Hausmüll, hausmüllähnliche Gewerbeabfälle,
Sperrmüll, Straßenkehricht

produktionsspezifische Abfälle und Schlämme
aus Industrie und Gewerbe

Schlämme aus kommunalen Kläranlagen

A₂ Abfallmengen 1982

vorgezogener, begrünter
Sichtschutzwall

Bodenaushub
Bauschutt   Tagesschüttung

Abdeckmaterial
Müllverdichter

Eingangskontrolle,
Waage

Beobachtungs-
brunnen

Grundwasserfließrichtung

Quellwasserdränung   Sickerwasserdränung   natürliche oder künstliche Dichtung   Oberflächenabfluß

↑ Staub   ↓ Sickerwasser   → Gasbildung   ↓ Niederschlag   ↑ Verdunstung   ⇢ Oberflächenabfluß

B Querschnitt einer Deponie und wichtige Stoffflüsse

BIOMASSE

100—
Vol. %

Aminosäuren
Zucker
Glycerin
Fettsäuren

Propionsäure
Buttersäure
Alkohole
Essigsäure

Methan, Kohlendioxid
(Biogas)

Hydrolyse   Säurebildung   Methanbildung

80

H₂

60   CH₂   CH₄

40

20

O₂

H₂S

C Abbauprozesse organischer Stoffe und Deponiegaszusammensetzu

Abfallarten, Übertagedeponierung

**dtv-Atlas
zur
Ökologie**
Tafeln und Texte

dtv-Atlas zur Ökologie
von Dieter Heinrich und
Manfred Hergt
Tafeln und Texte
Mit 122 farbigen Abbildungsseiten
Originalausgabe
dtv 3228

Wissen hilft:
gesund essen – gesünder leben

Fisch oder Fleisch? Obst oder Gemüse? Milch oder Tee? Leitungswasser oder Mineralwasser? Eier zum Frühstück oder nicht? Was soll man essen, was kann man essen, was darf man auf gar keinen Fall essen? Gesunde Ernährung ist Gottseidank keine Gesinnungsfrage mehr – es hat sich inzwischen bis zu Gourmet-Päpsten und Hobbyköchen herumgesprochen, daß die Öko-Freiland-Tomate einfach besser schmeckt als die wäßrige, überdüngte und mit reichlich Agrargiften beglückte Treibhaustomate. Daß gesunde Ernährung darüber hinaus weit mehr ist, als täglich einen Apfel zu essen und zu hoffen, daß man damit seinen Bedarf an Vitaminen gedeckt hat, auch diese Erkenntnis setzt sich langsam durch. Industrielle Verarbeitung, Schad- und Zusatzstoffe haben unsere Nahrungsmittel so sehr verändert, daß man eigentlich kaum noch weiß, was man unbesorgt essen kann. Hier bietet das ›Handbuch der gesunden Ernährung‹ Halt, Hilfe und Orientierung. Es klärt auf über: Ahornsirup – Anbauverbände – Babytees – Butter – Calcium – Carob – Dinkel – Distelöl – Düngemittel – Fett – Fleisch – Fruchtzucker – Gemüse – Getreide – Haferflocken – Haltbarmachung – Herbizide –

Handbuch der gesunden Ernährung
Von Ahornsirup bis Zusatzstoffe

Von Franz Binder
und Josef Wahler

dtv

Insulin – Kaffee – Kefir – Kukuruz – Margarine – Mehl – Mineralstoffe – Nährwert – Naturkost – Nudeln – Obst – Parodontose – Phosphor – Quecksilber – Radioaktivität – Salz – Schimmel – Schokolade – Sojabohnen – Stoffwechsel – Tee – Trinkwasser – Ursüße – Verdauung – Vitamine – Vollkornbrot – Weizen – Wurst – Zitrusfrüchte – Zucker und vieles mehr.

Franz Binder/Josef Wahler:
Handbuch der gesunden Ernährung
dtv 36006

Gesellschaft
Politik
Wirtschaft

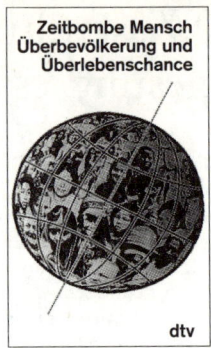

Jewgenia Albaz:
**Das Geheim-
imperium KGB**
Totengräber der
Sowjetunion
dtv 30326

Timothy Garton Ash:
**Ein Jahrhundert
wird abgewählt**
Aus den Zentren
Mitteleuropas
1980-1990
dtv 30328

Fritjof Capra:
Wendezeit
Bausteine für ein
neuesWeltbild
dtv 30029

Das neue Denken
Ein ganzheitliches
Weltbild im Span-
nungsfeld zwischen
Naturwissenschaft
und Mystik,
Begegnungen und
Reflexionen
dtv 30301

Graf Christian von
Krockow:
**Politik und
menschliche Natur**
Dämme gegen die
Selbstzerstörung
dtv 11151

Heimat
Erfahrungen mit
einem deutschen
Thema
dtv 30321

Dagobert Lindlau:
Der Mob
Recherchen zum
organisierten
Verbrechen
dtv 30070

John R. MacArthur:
**Die Schlacht der
Lügen**
Wie die USA den
Golfkrieg verkauften
dtv 30352

Gérard Mermet:
Die Europäer
Länder, Leute,
Leidenschaften
dtv 30340

**Der Deutsche an
sich**
Einem Phantom auf
der Spur
dtv 30406

Hans Jürgen Schultz:
Trennung
Eine Grunderfah-
rung des mensch-
lichen Lebens
dtv 30001

Dorothee Sölle:
Gott im Müll
Eine andere
Entdeckung
Lateinamerikas
dtv 30040

Roger Willemsen:
Kopf oder Adler
Ermittlungen gegen
Deutschland
dtv 30405

Alles hängt mit allem zusammen

**Asit Datta:
Welthandel
und
Welthunger**

Aktualisierte
Neuausgabe

dtv sachbuch

dtv 30372

Täglich sterben weltweit 36000 Kinder an Hunger,
die erschreckende Bilanz globalen Handelns,
an dem auch jeder einzelne beteiligt ist. Asit Datta
macht die Zusammenhänge von Kolonialismus,
Welthandel und Welthunger anhand vieler über-
zeugender Beispiele und Analysen begreifbar.

Denkanstöße –
Philosophie
im dtv

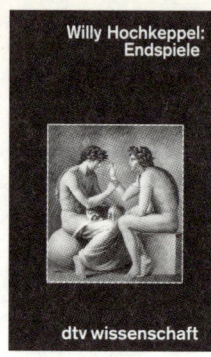

Wolfgang Bauer:
**China und
die Hoffnung
auf Glück**
Paradiese, Utopien,
Idealvorstellungen in
der Geistesgeschichte
Chinas
dtv 4547

William K. Frankena:
Analytische Ethik
dtv 4640

Ernest Gellner:
**Pflug, Schwert und
Buch**
Grundlinien der
Menschheits-
geschichte
dtv 4602

Christopher Robert
Hallpike:
**Die Grundlagen
primitiven Denkens**
dtv 4534

Willy Hochkeppel:
Endspiele
Zur Philosophie des
20. Jahrhunderts
dtv 4594

**Klassiker des
philosophischen
Denkens**
Hrsg. N. Hoerster
2 Bände
dtv 4386/4387

**Klassische Texte
der
Staatsphilosophie**
Hrsg. N. Hoerster
dtv 4455

Panajotis Kondylis:
**Die Aufklärung
im Rahmen des
neuzeitlichen
Rationalismus**
dtv 4450

Jacques Le Goff:
**Die Intellektuellen
im Mittelalter**
dtv 4581

Ernst R. Sandvoss:
**Geschichte der
Philosophie**

Band 1: **Indien,
China, Griechen-
land, Rom**
dtv 4440

Band 2: **Mittelalter,
Neuzeit, Gegenwart**
dtv 4441

Peter F. Strawson:
**Analyse und
Metaphysik**
dtv 4615

Texte zur Ethik
Hrsg. D. Birnbacher
und N. Hoerster
dtv 4456

Was das Schöne sei
Hrsg. M. Hauskeller
dtv 4626

**dtv-Atlas zur
Philosophie**
dtv 3229